アジア独立と東京五輪

「ガネホ」とアジア主義
GANEFO

浦辺 登

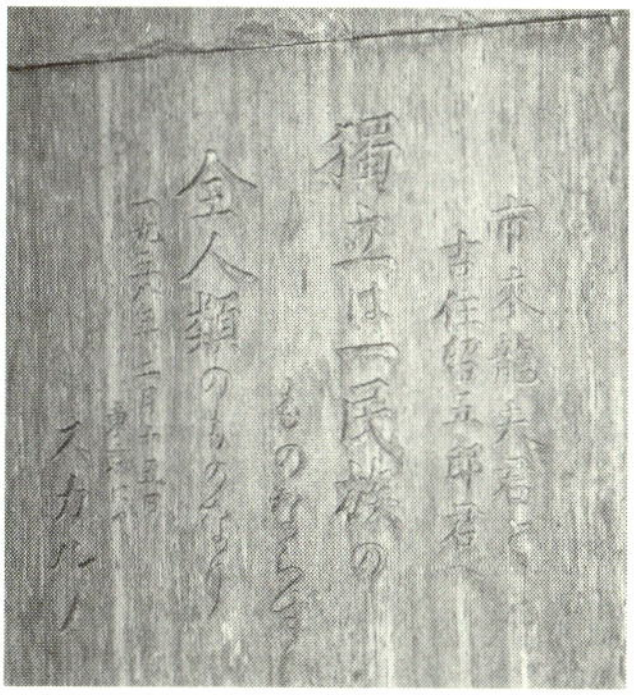

弦書房

〈扉写真〉

東京港区の青松寺にあるスカルノ碑の碑文

目次

はじめに

文豪夏目漱石が日本初のボディビルダーであることを教えてくれたのは、三島由紀夫にボディビルを指導したことで知られる玉利齊氏からだった。自身もボディビルダーであるが、同時に戦後日本のアマチュアスポーツ、プロスポーツの歴史をつぶさに見てこられた方でもある。現在に至るも両スポーツ界の重鎮の一人である。

その玉利氏が「ガネホの問題があって、インドネシアは東京オリンピックに参加できなかったのですよ」と語られた。十年以上も前からインドネシア独立運動、アジアの植民地解放に関心があり折々に資料を集めていたが、「ガネホ（GANEFO＝新興国競技大会、一九六三年にインドネシアで開催）」にはさしたる関心を向けてこなかった。ガネホについてはインドネシアでの限定的なスポーツイベントと認識していたことに加え、容易に資料を見出すことができなかったからである。

しかし、アジア初のオリンピックである東京大会に親日国のインドネシアが参加できなかったという玉利氏の一言から、その理由を探ってみたいと考えた。近代とスポーツについて氏への取材を収めた前著『東京の片隅からみた近代日本』を上梓した後、早速、集めていた関連の資料の読み返しと再取材にとりかかった。

東京オリンピックは昭和三十九年（一九六四）十月に開催されたが、友好と親善を謳ったアマチュアスポーツの一大イベントである。親睦を深めるとともに、国家の威信をかけた国威発揚であるのは周知のとおりである。その祭典にインドネシアが参加できなかった事実について、ＪＯＣ（日本オリンピック委員会）のホームページではインドネシア選手団の選手資格が原因と記されている。その資格問題についても記述があるが、詳細はわからない。開催国日本が参加を拒否した形跡はまったく見当たらなかった。

東京オリンピック開催当時のインドネシア大統領はスカルノである。建国の父とも呼ばれ、その第三夫人はマスコミでもおなじみのデヴィ夫人（日本名：根本七保子）である。日本人女性を夫人にするほどスカルノ大統領は親日家である。奇しくも、東京オリンピックが終了して数年後、クーデターによってスカルノは失脚し、終身大統領の身分さえ剝奪されて幽閉された。デヴィ夫人は国外に亡命し、失意のうちにスカルノはインドネシアの土に還っていった。

インドネシアが東京オリンピックに参加できなかった原因の「ガネホ」を知るには、日本とインドネシアとの関係を知らなければならない。インドネシアといえば広大な海域に無数の島々で構成され、温暖な気候、天然資源に恵まれた国という印象がある。しかしながら、日本とインドネシアの関係は分かっているようで分からず、見えているようで見えない。外交関係を理解するには歴史を遡らなければならないが、インドネシアは三五〇年に亘ってオランダの植民地だった。そのインドネシアを統治したオランダだが、江戸時代、鎖国政策の最中に日本が唯一西洋に窓を開けていたのがオランダだった。そのオランダと日本の関係を知ることでインドネシアと日本の関係、ひいては、インドネシアが東京オリンピックに参加しなかった理由も見いだせるのではと考えた。

東京港区愛宕の青松寺にはスカルノ大統領建立の碑がある。インドネシア独立戦争で亡くなった日本人を顕彰するものだが、日本とインドネシアの関係を知る手掛かりになればと思って調べてみた。石碑には市来、吉住という二人の日本人の名前が刻まれている。その両名が関係を持っていたのが愛国社の岩田愛之助だった。偶然にも、岩田は玄洋社の頭山満とも関係があることがわかった。孫文の辛亥革命を支援し、アジア主義を標榜する玄洋社だが、その実態は摑みどころがないほど広範囲である。長年、玄洋社を調べている身からすれば、玄洋社を源流とするアジア主義が門下生を自負する人々によってインドネシアにまで広がっていたことに驚いた。

もともと、インドネシアが東京オリンピックに参加しなかった事実を解き明かしたいと思ったのがきっかけだった。しかしながら、資料を調べていくうち、玄洋社人脈が東京オリンピックにも繋がっていることに不思議な因縁を感じた。

今回、親日国のインドネシアが東京オリンピックに参加しなかった歴史を探ったが、そこから見えてくるのは欧米を基準とした近代国家に日本が追いつこうとする姿だった。さらに、アジア、アフリカを永年に亘って蹂躙する欧米列強を排除し、独立を支援するアジア主義者たちの行動だった。日本が欧米の軍門に下った後、アジア、アフリカが連合することで欧米主導と異なる世界を構築しようとしたのがスカルノだった。

友好と親善、世界平和がオリンピックだが、たとえ日本での開催とはいえ、欧米が主導するオリンピックを「スポーツは政治」としてスカルノは割り切ったのだろう。

平成二十四年（二〇一二）の夏も暑かった。しかし、ロンドンで開催されたオリンピックをよそに、一人、冷めた目で世界を眺めていた。

＊

なお、本書全体を通してアジア主義に触れており、その概要を示しておきたい。

アジア主義とは、民主主義、社会主義などのように明確な定義づけは極めて困難であり、心情的な思想としてつけられたものである。アジア主義じたいに価値は存在せず、自立自存するわけでもない。必ず、何らかの思想に依拠している。

玄洋社頭山満の「敬天愛人」という博愛。宮崎滔天の義理人情と侠気。孫文の「天下為公」という王道。杉山茂丸の合理性と機微。黒龍会内田良平の文武両道。犬養毅の仁と徳による政治。北一輝の宗教的王道楽土実現の教義。大川周明の東洋思想による普遍性。

各自がそれぞれの考えと行動をとるが、共通しているのは「アジアの連帯」である。欧米の価値基準ではなく、アジアの価値基準を共有することにある。

より具現化するために、「自由・平等・友愛」という価値観を「経済、政治、精神」に当てはめて説明する場合もある。

いずれにしても、非論理的、非科学的、矛盾、齟齬、葛藤というものを寛容、多様性として内包し、共存共栄するという考えである。代表的アジア主義者の行動からしか理解の及ばない思想である。

第一章　東京オリンピックの世紀

昭和三十九年（一九六四）十月、東京で第一八回のオリンピックが開催された。日本は大東亜戦争の敗戦から立ち直りを見せ、成長の兆しが見えてきたころだった。敗戦から二〇年を経ずして開催する世界大会だったが、国民に負担を強いるオリンピック開催に賛否両論が渦巻いた。

会場施設の建設予算、期間、技術が議論される中、日本国民は東京オリンピック開催に沸き返った。昭和十五年（一九四〇）に開催予定であった第一二回オリンピック東京大会を日支事変の長期化から返上した経緯があるからだった。敗戦によって世界から隔絶された日本だったが、オリンピックに日本の未来をかけていた。そんなオリンピックの明るいニュースに沸き返る日本とは裏腹に、世界は東西が対立し、その余波はアジアで初めて開催される東京オリンピックにも及んでいた。その最たるものがインドネシア、北朝鮮代表選手のオリンピック出場資格の問題だった。

この章では、東西対立構造の中、オリンピック開催で経済成長にはずみをつけようとする日本の世相と、近代オリンピックが抱える諸問題を振り返る。

大事な放送がある日

昭和三十九年（一九六四）十月十日の朝、天気は晴れだったか、曇りだったかの鮮明な記憶は無い。ただ、雨でなかったのは確かだ。いつものように担任の先生が出欠を確認した後、自宅にテレビが有る人、無い人と質問があった。一家に一台どころか、一人に一台の現代、家にテレビが有るか無いかを尋ねること自体、常識外れである。しかしながら、当時、小学校二年生一学級四〇人ほどのうち、「有る」として手が挙がったのは半分ほどだった。手を挙げた子供の表情は得意げであったが、かといって手が挙がらなかった子どもの表情が卑屈かといえば、そうではなかった。

担任の先生が語るには、午後、大事な放送があるので、今日は寄り道をしないでテレビを見なさいという。家にテレビが無い人はテレビの有る友達のところに行って、大事な放送を見せてもらいなさいという。何があるのか、それはまったく分からなかった。とにかく、午後から堂々とテレビを見ることができるのが嬉しかった。テレビばかりを見ていると勉強に身が入らないと注意を受ける日々だっただけに、「テレビを見なさい」と言われたことを単純に喜んだものだった。土曜日の午後、自宅で三歳違いの姉とテレビを見ることになった。その大事な放送時間、父親は職場で、母親は近所のお宅にお邪魔して見ていた。

我が家にテレビがやってきたのは昭和三十七年（一九六二）十二月十八日のことだった。こまめに記録を残す父親が備忘録にテレビ四万二五〇〇円で購入と記入していた。新品だったのか、中古だったのかまではわからないが、白黒画面のテレビであった。今の時代、テレビといえばカラーテレビが常識だが、この当時、テレビといえば白黒画面のことを指していた。テレビとは言わず、「テレビジョン」と正式名称で呼ぶ人も多かったが、そのテレビも現在の物価に換算すればどれほどの金額になるのかは不明である。駄菓子屋では一円玉一つで飴玉が二個買える時代だった。単純計算でも八万五〇〇〇個分の飴玉に相当する額と思えば良い。コンビニやスーパーでは一袋二〇個入りキャンディーが一〇〇円程度で売られているので、四二万五〇〇〇円ほどになる。今では液晶大型テレビが買える価格だが、昭和三十年代は白黒テレビといえども随分と高価な買い物だった。

昭和二十九年（一九五三）十二月二十二日、「昭和の巌流島決戦」と称されたプロレス試合が全国にテレビ放送された。大相撲力士からプロレスラーに転じた力道山、柔道家からプロレスラーに転じた木村政彦のプロレス対決のことだが、当時の放送局はNHKと日本テレビの二局しかなかった。一般家庭にテレビが普及しておらず、この時、人々は街頭テレビに群がった。繁華街交差点のオーロラビジョンの如くテレビが街頭に設置してあったが、その一台のテレビに数万人単位で群がったとの記録写真が残っている。蔵前国技館で開かれた世紀の一戦はリングサイドが二〇〇〇円だったが、ダフ屋が介入したことで一〇倍の二万円に跳ね上がったとも伝わっている。この時代の大卒初任給は五〇〇〇円程度であり、リングサイド二〇〇〇円を現在の物価に換算すると三〇万円ほどになる。飴玉や大卒初任給で当時の物価を推計すること自体無理があるが、いかに当時のテレビが高価であったかがわかる。敗戦からの復興途上とはいえ、白黒テレビは一般庶民にとって高嶺の花だった。

東京オリンピックが開催されたとき、テレビの普及率は八七・八パーセントという統計数値が出ている。その数字は都市部を中心にしたものと推察するが、地方では半分の世帯にしか普及していなかった。テレビが家に無くとも、誰も不思議にも思わない時代だった。

東京オリンピック開会式

大事な放送があるという日の午後、白黒テレビの前で姉と神妙な顔をして画面を眺めていた。いまどきのテレビは液晶薄型だが、当時はブラウン管と呼ばれるタイプのテレビだった。スイッチを入れてから画像が登場するまで随分と時間がかかり、チャンネルも手動のダイヤル式だった。放送時間も限られ、テレビを見ることは貴重な娯楽だった。それだけに、担任の先生から薦められた大事なテレビ放送が楽しみだった。しかしながら、そこに映ったものは大勢の人々が軽快な音楽に合わせて行進する姿であり、外国人だった。一緒に見ていた姉の説明が無ければ、東京オリンピックの開会式という記憶は残らなかったと思う。

東京オリンピックの開会式典は現在の国立競技場（東京都新宿区）で行われた。国立競技場は昭和三十三年（一九五八）に開催された第三回アジア大会（アジア各国が参加するスポーツ競技）に向けて改修され、さらに、オリンピック開催に備えて設備が拡充されたスタジアムである。もともと、明治神宮外苑競技場であったものを本格的な国際競技の施設に作り変えたものだった。現在の国立競技場は敷地面積七万一七〇七平方メートル、東京ドームおよそ一・五倍の広さになる。五万四〇〇〇人余の観客を収容することができ、今でもトップクラスの試合が行われるところから「スポーツの聖地」と呼ばれる。

快晴の空の下、国立競技場の観客席は人々で埋め尽くされ、選手団が次々に入場してくる。その参加人数は九三の国と地域（計九四）で総数五一五二名にもなった。入場の最終は開催国である日本の選手団四三七名だったが、ひときわ大きな拍手と歓声に包まれ、一糸乱れぬ日本選手団の行進は見事の一語だった。そのテレビカメラがとらえる先には白人も有色人種も同じフィールドに立っていて、それを不思議な感覚で眺めていた。

東京オリンピックが開催された昭和三十九年（一九六四）、沖縄だけではなく日本各地にアメリカ駐留軍の基地や軍人家族の住宅があった。昭和二十五年（一九五〇）には朝鮮戦争が勃発し、今の福岡空港は板付《いたづけ》空港とも呼ばれるアメリカ軍の基地だった。国際線ターミナルを抱えているとはいえ、現在の福岡空港はのどかな地方空港の様相を呈しているが、ここから爆弾を抱えた戦闘機が朝鮮半島の最前線に飛び立っては帰来するのが常だった。今でも、国内線ターミナルに入店しているカフェテリアのロイヤルホスト壁面にアメリカ軍基地当時の風景画を目にすることができる。板付空港周辺は白いペンキ塗りの米軍軍人専用のハウス（住宅）があり、道幅すべてを占領する大型車に乗ったアメリカ人がいた。そのアメリカ人と同じ白い人々がテ

国立競技場聖火台

レビ画面に多数登場していた。国立競技場に近い代々木のオリンピック選手村もワシントンハイツと揶揄される駐留米軍の住宅地跡だったという。およそ九二万四〇〇〇平方メートル、東京ドーム二〇個分に相当する都心の一等地をアメリカ軍が接収していたのである。

オリンピックマーチの音楽に合わせて色の白い人も黒い人も一緒に行進している。その中には欧米の植民地から独立し、オリンピック初参加の一六の国の人々も混じっていたが、誰もがにこやかにほほ笑み、ロイヤルボックスの天皇陛下（昭和天皇）に敬礼のポーズをとって行く。そんな天皇陛下は子供心にも偉い人なのだと思った。韓国の選手団も入場行進に加わっていたが、昭和四十年（一九六五）六月に日韓基本条

「スポーツの聖地」国立競技場　ロイヤルスタンドを望むが人が豆粒ほどにしか見えない

福岡県立修猷館高校体育館　東京オリンピック時の五輪旗

約が調印され、日本と韓国は正式に国交を樹立した。この東京オリンピックの時、日韓は正式な国交関係にはなかったのである。

その開会式も、はるばるギリシャから運ばれた聖火の点火によってフィナーレを迎えたが、一九歳の坂井義則氏が競技場の聖火台まで一気に駆け上っていく様は清々しかった。その聖火は沖縄を経由し、鹿児島、宮崎、北海道を起点に日本全国を四コースに分け、東京を目指して陸路でリレーされていった。その聖火リレーに参加した人々は一〇万人余りであり、まさに東京オリンピックは国家を挙げての一大イベントだった。

テレビ画面では白にしか見えなかったが、航空自衛隊のジェット戦闘機五機が国立競技場上空に五つの巨大な輪を描き、一五日間の競技の幕が切って落とされた。

「より速く、より高く、より強く」に向けて

日本が再び、オリンピック開催招致に本腰を入れて動きだしたのは昭和三十四年（一九五九）の頃からだった。未曾有の大戦と言われた大東亜戦争が終結したものの、昭和二十三年（一九四八）の第一四回ロンドン大会は「敵国」ということから日本は招請すらされなかった。当時の日本は各国際スポーツ連盟から除名されたままで、世界の舞台に復帰できたのは、昭和二十七年（一九五二）の第一五回ヘルシンキ大会（フィンランド）からだった。昭和三十一年（一九五六）の第一六回メルボルン大会（オーストラリア）、昭和三十五年（一九六〇）の第一七回

ローマ大会（イタリア）と続き、かつての同盟国イタリアがオリンピックを開催することにライバル心が燃え上がった。鰻香《まんこう》オリンピック（開催権を返上したため、匂いだけで本物の鰻にありつけなかった第一二回東京大会を揶揄して）の汚名返上とばかりに、日本のオリンピック関係者が開催権を巡って猛烈な招致運動を展開したのである。

戦争が終結して一〇年も経過したとはいえ、メルボルン大会にレスリング日本代表選手として参加した大平光洋氏（国際武道大学理事）は、「日本人選手は、まるで、敵地に乗り込む気分だったよ」と当時の状況を語った。なにがなんでも、東京でオリンピックを開催しなければ、これからの日本は世界に伍していけない空気に包まれていたのだった。

オリンピック招致の問題となるのは開催地の社会インフラである。これは今も昔も変わらず、競技会場は当然として、選手団や関係者の宿泊施設、交通機関、通信設備、治安など多方面に及ぶ。オリンピックを開催するには、世界大会の場として適格であることを世界に向けてアピールしなければならない。昭和二十年（一九四五）八月十五日、ポツダム宣言を受諾したことで日本は世界大戦に終止符を打った。戦争とはいえ、アメリカは無差別爆撃で日本全国を焼き払い、多くの一般市民をも殺戮していった。その灰燼に帰した東京で満足のいく施設を用意できるかを危ぶむ意見もあったが、敗戦から二〇年を経ずしてオリンピックが開催できることは奇跡に近いものだった。

オリンピックはスポーツによる国威発揚の場でもある。焼け野原から立ち上がり、復興した

聖徳記念絵画館を中心に楕円の周回コースがあり、
「競歩」の競技場として使用された

日本の姿を世界にアピールするチャンスでもあった。日本人に戦災から復興した意識を植え付ける儀式でもあった。開催地東京ではオリンピックに備え地下鉄や道路などの都市機能が計画され、着々と工事が進んでいった。昭和三十九年（一九六四）九月十六日、羽田空港から都心への交通アクセスとしてモノレールが開通した。このモノレールは、羽田空港から浜松町までの十三・一キロを一五分で結ぶものだった。東京都内の自動車による交通混雑を緩和するため、昭和三十七年（一九六二）十二月二十日には、京橋、芝浦間四・五キロの首都高速道路が開通した。この昭和三十七年には東京都の人口は一〇〇〇万人を突破し、世界有数の巨大都市となっていた。さらに、日本全体に目を転じるとテレビの受信契約は一〇〇〇万件を超え、東京を基点とする通信インフラの整備も急がれた。東京オリンピックは初の衛星を使っ

「日本の鉄道の父」こと井上勝の墓所と新幹線

てのテレビ放送が行なわれたが、世界のみならず国内向けにも電波塔が建設された。昭和三十三年（一九五八）十二月二十八日に竣工した高さ三三三メートルの東京タワーがそれになる。着々と東京オリンピックの準備は進んでいたが、なんといっても、このインフラ整備の中で印象が深いのは東海道新幹線だった。

東海道新幹線の際立った特徴はその速さにあった。昭和三十九年（一九六四）十月一日に開業した新幹線は東京、新大阪間五一五・四キロ（営業キロ数では五五六・二キロ）を最高時速二一〇キロで走り、関東圏と関西圏を四時間で結んだ。蒸気機関車を見慣れていた当時の日本人にとって、東海道新幹線はまさに「夢の超特急」だった。すでに、在来の東海道線の輸送力が限界に達しており、日本経済の強化にとっても新幹線開発は必要不可欠のものだった。昭和四十五年（一九七〇）に日本万国博覧会が大阪で開催されたが、東海道新幹線は技術大国日本を世界にアピールする良き宣伝材料でもあった。日本の鉄道は明治五年（一八七二）に開通したが、このとき、レール幅が一〇六七ミリの狭軌で敷設された。世界はレール幅一四三五ミリの広軌が主流だったが、東海道新幹線はレール幅を世界標準にしたことでより速く、より多くの輸送が可能となった。

この東海道新幹線の敷設においては、「新幹線の父」の異名をとる国鉄総裁の十河信二《そごうのぶじ》の存在が大きい。明治三十四年（一九〇一）に神戸、下関間が開通したことで東京から下関まで幹線鉄道が直通となった。しかしながら、狭軌の鉄道では日本と大陸とを結ぶ輸送力に限界があると予見され、後藤新平の提案で明治四十三年（一九一〇）に新幹線計画が閣議決定されていた。東海道新幹線は日露戦争による予算不足から実現が大幅に遅れていたものだった。十河は予算の軽減策で敷設を推進し、完成にこぎつけた。この東海道新幹線開業は東京オリンピックの大きな副産物であり、諸外国に技術国日本を強く印象付けるものだった。

幻の東京オリンピック

アジア初のオリンピックである東京オリンピックは、九四の国と地域が参加した大会だった。第一回の大会はオリンピック発祥の地ギリシャのアテネで開催された。一八九六年（明治二十九）四月六日に開催されたアテネ大会は、一四の国と地域が参加してのものだった。アテネ大会の参加国はギリシャを始めとして、アメリカ、ドイツ、フランス、イギリス、ハンガリー、オーストリア、オーストラリア、デンマーク、スイス、混合チームによるものだった。参加人員二四五人、八競技、四三種目だが、参加国をみてもわかるように欧米主体のオリンピックだった。まだこの当時、オリンピックは個人参加であり国家を代表するという意識は薄かったが、国別でのメダル獲得数トップはアメリカだった。日本は日清戦争直後ということもあって、オリンピックどころの話ではなく、スポーツという概念すら持ち合わせていなかった。アメリカから入ってきたベースボール（野球）を第一高等学校の生徒が無邪気に楽しみ、運動会、ボートレースという学校行事に日本人が興奮していた時代だった。

日本がオリンピックに代表選手を送り込んだ初めは、第五回のストックホルム大会（スウェーデン）からだった。一九一二年（明治四十五）に開かれたこの大会での日本代表選手団の団長は嘉納治五郎だった。嘉納治五郎といえば「精力善用・自他共栄」「順道制勝」の講道館柔道創始者と誰しも思ってしまう。しかしながら、嘉納は明治二十六年（一八九三）から大正十年（一九二〇）まで高等師範学校長（東京高等師範学校を経て現在の筑波大学）を務めた教育者でもあった。高等師範学校において大運動会を開催し、明治二十九年（一八九六）には学生スポーツの奨励として「運動会」を設けた嘉納であった。スポーツを通じて友情、連帯、フェアプレイの精神を培い、相互理解を求める世界平和運動をオリンピック・ムーブメントと称する。世界平和、相互理解を深める場として創設されたオリンピックは、まさに嘉納の理想だった。

一九〇九年（明治四十二）、嘉納はアジアで初のＩＯＣ（国際オリンピック委員会）委員に就任した。記録写真では、欧米人のIOC委員に混じって誇らしげに胸を張る嘉納の姿が残っている。第一回のアテネ（ギリシャ）に続き、第二回パリ（フランス）、第三回セントルイス（アメリカ）、第四回ロンドン（イギリス）、第五回ストックホルム（スウェーデン）、第七回アントワープ（ベルギー）、第八回パリ（フランス）、第九回アムステルダム（オランダ）、第一〇回ロサンゼルス（アメリカ）、第一一回ベルリン（ドイツ）と、オリンピックの開催地は欧米のみだった。*これからしてもオリンピックが欧米中心のものであることがわかるが、当時のアジア・アフリカの多くは欧米の植民地であり、国家としての参加も開催地として名乗りを上げることも不可能だった。

＊第六回のベルリン大会は第一次世界大戦で中止。第十二回東京大会、第一三回ロンドン大会は第二次世界大戦で中止。

日本が参加したオリンピックの歴史で注目すべきは、第一〇回（一九三二年・昭和七年）のロサンゼルス大会である。この大会の乗馬競技で男爵・西竹一陸軍中尉（当時）が優勝し、女子二〇〇メートル平泳ぎで前畑秀子が銀メダルを獲得している。現在のマラソン競技と同じく乗馬競技は花形種目で「プリ・デ・ナシオン」と称されるヨーロッパ諸国の威信をかけた競技だった。一九一四年（大正三）、第一次世界大戦の勃発にともない日本はドイツに宣戦布告し、戦勝国となった。日清戦争、日露戦争、第一次世界大戦に勝利し、オリンピックの花形競技である乗馬に優勝したことは新興国日本が世界の注目を浴びる出来事だった。反面、一九二四年（大正十三）にはアメリカで排日移民法が成立しており、欧米からすればスポーツの分野にまで日本が台頭することは脅威に映っていた。

続く第一一回のベルリンオリンピック（一九三六年・昭和十一年）ではロサンゼルス・オリンピックの銀メダリスト前畑秀子が同種目で優勝を果たした。このとき、第一二回オリンピックが東京で開催されることが決定し、一九四〇年（昭和十五）が皇紀でいえば二六〇〇年にあたることから日本にとって記念すべき東京オリンピックだった。しかしながら、昭和十二年（一九三七）七月、日支事変の勃発によりオリンピック東京大会は中止となった。＊アジア初のオリンピックである東京大会は戦火によって幻のオリンピックとなったのである。

＊次点開催予定のヘルシンキ（フィンランド）も第二次世界大戦で中止。

第一三回のロンドン大会も第二次世界大戦で中止となり、オリンピックが再開されたのは第一四回のロンドン大会（イギリス）からだった。この大会では敗戦国の日本とドイツは参加を認められていない。敵国として各国際スポーツ連盟から除名処分をうけていたからだった。再び日本の参加が認められたのは一九五二年（昭和二十七）第一五回ヘルシンキ（フィンランド）大会からであり、サンフランシスコ講和条約の締結によってスポーツ界にも復帰が認められたのである。第一六回メルボルン大会（オーストラリア）、第一七回ローマ大会（イタリア）と続き、昭和三十九年（一九六四）十月、アジア初の東京オリンピックが開催された。

オリンピックが抱える問題

オリンピックは友情、連帯、フェアプレイの精神を培い、相互理解を深めることで世界平和を求めるスポーツの祭典である。その一方で、国威を発揚する場として利用され、人種差別、民族対立、身分差別、そして、国家の政治体制色が問題を引き起こす場でもある。オリンピックはＩＯＣ（国際オリンピック委員会）のブランデージ会長が唱えた「アマチュア憲章」に則って運営されてきた。これは、スポーツの精神性を高めるとして、オリンピックの参加資格をアマチュア選手に限定したためだった。金銭を目的とするプロスポーツ選手やスポーツ興行を目的にしている者とは一線を画し、当初、体育教師やコーチなどもスポーツで生活資金を得ているとして参加資格が無かった。＊

＊後に、体育教師、コーチについては、アマチュア選手として認められた。

このプロアマ問題では、一九三二年（昭和七）のロサンゼルス大会でイギリスのサッカー選手が参加を認められなかったケースがある。選手の一人が有給休暇を取得して参加したことから、有給休暇は「プロ選手」と同じ金銭の対価とみなされたからだった。しかし、このプロアマ問題も一九七四年（昭和四十九）のＩＯＣ総会において解消されることになった。キラニン会長がプロスポーツ選手のオリンピック参加を認めたからだが、このことは金銭的困窮からアマチュアスポーツを楽しめず、プロとして底辺から這い上がってきた人々が階級闘争を勝ち抜いたかに見える。しかしながら、この対応は「ステート・アマ」と呼ばれる東側諸国選手に対抗する目的からだった。「ステート・アマ」とは東西冷戦構造のなか、東側諸国が国威発揚のために国家丸抱えで育成した選手のことをいう。

国威発揚という意味では、第一一回のベルリンオリンピックはナチス・ドイツの宣伝大会とも揶揄された。友好と平和のためのオリンピックでありながら、開催国の優位性をアピールしたのだった。そもそも、第一回のアテネオリンピックにおいてもイギリスから独立したアメリカの健闘ぶりが目につき、メダルの獲得数においてトップに立っている。オリンピックは親善と友好、崇高で気高くあるべきと謳っているが、実質、スポーツ競技に名を借りた国と国との戦いの場であった。

第一回のアテネオリンピックは一四の国と地域が参加したが、第一八回の東京オリンピックでは九四の国・地域が参加している。オリンピックというスポーツの祭典が世界に周知された結果と思ってしまうが、欧米の植民地から独立したアジア・アフリカの国々の参加が増加したからである。この旧植民地が独立国家として参加したことで、地域紛争、外交問題、民族対立、人種差別が顕著化した。

一九六〇年（昭和三十五）のローマ大会ではボクシングでカシアス・クレイが優勝の栄誉に

輝いた。ライトヘビー級のアメリカ代表としての彼は金メダルを胸に勇躍帰国するが、黒人差別は相変わらずだった。一九六八年（昭和四十三）のメキシコ大会では人種差別に抗議して、アメリカ代表の黒人選手が表彰台上で反発の態度を示した。一九七二年（昭和四十七）のミュンヘン大会（西ドイツ）ではアラブゲリラによるイスラエル選手団の襲撃事件が起きた。一九七六年（昭和五十一）のモントリオール大会（カナダ）では旧宗主国の人種抑圧に対し、アフリカ二二ヶ国が大会参加をボイコットした。続いて、一九八〇年（昭和五十五）のモスクワ大会（旧ソ連）ではソ連のアフガニスタン侵攻に反発し、アメリカを筆頭とする西側諸国が参加をボイコットした。このモスクワ大会ボイコットはスポーツを政治問題化したとして世界に大きな波紋を広げたが、結局、アメリカサイドの国々は参加を拒否した。その反発から一九八四年（昭和五十九）のロサンゼルス大会では、ソ連を始めとする東側諸国が参加をボイコットしている。

それでも、第二次世界大戦によって東西に分断された東ドイツ、西ドイツが東京オリンピックでは統一ドイツとして参加した。国家の政治体制に関係なく、同じゲルマン民族として出場したことは一服の清涼剤だった。しかし、一見、何事も無く開催され友好裡に終了したアジア初のオリンピックだったが、東京大会にインドネシア、北朝鮮が参加しなかったことは広く知られていない。このことを解き明かすことで近代史の隠れた側面に光をあてることができる。

とりわけ、親日国インドネシアが参加できなかった背景にはどんな障害が横たわっていたのか。このことは超大国に翻弄され、植民地として何世紀にも亘って支配されてきたインドネシアの歴史がカギを握っている。そのためには、インドネシアの宗主国であったオランダと日本との外交関係にまで遡らなければならない。

第二章

オランダの帝国主義

インドネシアは東南アジア諸国の中でも親日的といわれ、日本企業の進出においても現地と融合しているかに見える。とりわけ、バリ島は日本人にも人気の観光地である。

インドネシアは三五〇年に亘るオランダの植民地であり、日本の占領期を経て独立を果たした。そのインドネシアと日本の国交を考えるとき、宗主国であったオランダとの関係を抜きにしては語れない。特に、江戸時代、鎖国を続けていた日本において唯一の西洋との窓口がオランダであり、インドネシアのバタビア（ジャカルタ）を起点に交易を行っていたからである。

この章では、インドネシアとの関係を理解する前提としての日蘭関係の始まり、目的、思惑などについての状況をまとめている。

地上最後の楽園、バリ

インドネシアに興味を持った始まりは、社員旅行でバリ島に行ったことからだった。昭和六十年（一九八五）当時、ドルと円の交換レートは二五〇円前後で推移しており、個人の海外旅行はまだまだ負担が大きかった。一ドルが八〇円を切る超円高ドル安の現代からすれば海外への慰安旅行そのものが奇異な現象かもしれない。しかしながら、組織への帰属意識を高め、福利厚生でもある海外旅行は人気だった。ましてや、行き先が「地上最後の楽園バリ」であっただけに、取引先から羨望の眼差しで見られた。

今では地方空港からでも気軽に海外に行く時代だが、当時は成田空港から出発していた。成田空港（新東京国際空港）は昭和五十三年（一九七八）五月二十日に開港したが、用地の強制収容に反対する農民、支援学生、労働組合員による妨害が頻発していた。国際空港を拡張して経済成長を持続させたい国家と、その国家に抵抗する組織とのメンツをかけての闘争が続いていた。そのため、交通アクセスにも影響が及び、成田空港に集合しての出発は早朝便でもないのに都内前泊を求められた。成田空港は不便という印象が強いが、さらに、それに拍車を掛けたのが空港手前で機動隊員の検問を受けなければならなかったからだ。安全のためとはいえ、これはこれで、アクセスに障害をきたす一因ともなっていた。

現在、成田空港からバリ島へは直行便が出ており、所要時間は七時間余りである。しかし、当時はインドネシアの首都ジャカルタを経由し、乗り継ぎ時間を入れると現地までは一〇時間余りを要した。搭乗した飛行機はインドネシア国営のガルーダ・インドネシア航空だったが、ガルーダ（金翅鳥《こんじちょう》）とは、ヒンドゥー教の神様であるヴィシュヌ神を乗せて飛ぶ神話の鳥である。密教では仏法を守護し民衆を守る迦楼羅《かるら》と呼ばれる尊い存在だが、お客様を神様と称してフライトする飛行機である。

ジャカルタから乗り継いだ国内便がバリ島に到着する頃、窓外は漆黒の闇だった。闇というものを不安に感じる着陸だったが、到着したデンパサール空港は建物も周辺も露天商の簡易照明程度の明るさだった。翌朝、宿泊したホテルのレストランからは青く広がるインド洋、ヤシの木、白い雲が望見できた。時間と人々の歩みはゆったりとしている。時間はあって無きが如く、五分、一〇分は時間の範疇に入らない。昔の日本の田園風景を彷彿とさせ、島の奥地にある観光地で入ったトイレは水浴び場兼用だった。たっぷりと水が張られた浴槽の傍に便器の穴があり、粘土細工で使う竹の棒きれがガラス瓶に数本突き刺さっている。これがバリ島のトイレットペーパーだが、この生活習慣の違いには随分と驚いたものだった。しかし、これはこれで、新たな発見として小さな楽しみでもあった。七世紀後半、大陸や半島から交易の人々が北部九州の博多を訪れていたが、その人々をもてなす迎賓館の「鴻臚館《こうろかん》」では「籌木《ちゅうぎ》」という木の枝がトイレットペーパー代わりだった。その風習がいまだバリ島で続いていることに悠久の時間の流れを感じた。

日没後、深い闇に戸惑いながらも見上げた空にはプラネタリュウムの如く数多の星で占められていた。そのバリ島では、なぜか、現地ガイドが「日本のおかげです」を繰り返す。「皆さんが泊まるホテル建てるお金日本が出しました」、「この道路作るお金日本が出しました」、「日本のおかげです」「日本のおかげです」。

確かに、宿泊したバリ・ビーチ・ホテルはパン・アメリカン航空（当時）の運営であるものの、その建設資金は日本の援助で建てられた。このことは、バスタブの「TOYO TOKI」（現在の衛生陶器メーカーTOTO*）製品を目にしたことからも推し量れた。

*TOTOは大正十三年（一九二四）からインドネシア（蘭領東インド）に進出していた。

黄金郷のインドネシア

昭和十六年（一九四一）十二月八日、日本はアメリカ、イギリスを主体とする連合軍との戦争に突入した。オランダの植民地であるインドネシア（蘭領東インド）にも進軍したが、ここを守備するオランダ軍は早々に降伏し、日本は軍政を敷くことになった。戦中、海軍の宣撫隊（現地の民心を安定させ、日本軍に協力を求めるための宣伝部隊）に所属していた伯父もインドネシアに赴任した経験があるが、「インドネシアは良い所じゃった」としきりに口にしていた。現地の人々に日本のタバコ等を渡すと、必ずバナナやシャシャップ（トゲバンレイシ）という果物を抱えてお礼に来るほど礼儀正しかったという。

南国は果物が豊富だが、バリ島原産のバナナは掌に納まるほど小粒だった。日本で見慣れた台湾やフィリッピンのバナナに比べると随分と小さい。しかし、その味は濃厚で爽やか、甘みが凝縮されていた。さらに、伯父がしきりに「美味い」を連発していたシャシャップ（トゲバンレイシ）にこそ出くわさなかったが、代わりにマンギス（マンゴスチン）は幾つも幾つも口にした。今では気軽にスーパーマーケットでも見かけるようになったマンギスだが、実の上下を両の掌で左右に回すと簡単に割ることができる。赤みがかった濃い褐色から登場する白い房は鮮やかで、爽やかな酸味と甘さに魅了された。「籌木《ちゅうぎ》」という木の枝をトイレットペーパー代わりに使った博多の「鴻臚館《こうろかん》」の発掘作業では、トイレ跡から大量の瓜の種が出てきたという。当時の人々は寄生虫の虫下しとして瓜を多量に食べていたそうだが、豊富な果物を食べるバリ島の風習も南方流の虫下しのひとつなのか、などと想像した。

その南国インドネシアはおよそ一万七〇〇〇ともいわれる大小の島々から成り立っている。総面積一九〇万平方キロ、日本の総面積の五倍の広さもあり、そこに二億余りの人々が住んでいる。火山帯に位置し、地下活動によって島が誕生したかと思えば噴火で丸ごと消滅するという大自然に抱かれた島国である。その島々の数を数えようにも火山活動で変化するので「およそ」という大らかな言葉が似合う国でもある。一応、公用語としてインドネシア語があるが、地域や民族によって三〇〇から四〇〇ともいわれる言語が存在している。この言語の多さから多民族国家ということがわかるが、インドネシアの言語が日本語に影響していると思われるのに「繰り返しの法則」というものがある。「たくさん」「多い」など複数形を表現する際、日本語では「人々」「国々」など、単数の単語を繰り返すことで「多い」という意味を表す。この法則がインドネシア語でも同じという。インドネシア語で「人」はオラン（orang）というが、このオランをorang-orangと二度繰り返すと「人々」という複数を表現し、「国」という意味のネグリ（negri）をnegri-negriと二度繰り返すと「国々」となる。言語における繰り返しの法則は、インドネシアと日本が古くから交流を図っていた無形の証なのではと興味がある。それだけではなく、日本人になじみのある七福神のうち弁財天、大黒天、毘沙門天、吉祥天の四神はもともとヒンドゥー教の神様であり、今でも島民の八〇パーセントがヒンドゥー教徒のバリ島では日本でおなじみの神様に出会う事ができる。日本とインドネシア、言語だけではなく宗教を通じても関係が深かったということになる。

インドネシア、といっても訪ねたことがあるのはバリ島だけという管見のそしりを免れないが、それでも日中は暑かった。年間を通して平均気温二八度前後、じりじりと焼けつくような陽射しだが、朝晩は爽やかな冷気を感じる。このためゴルフなど屋外スポーツは夜明け前から始める。昼食時には水代わりに現地のビールを飲み、程良いアルコールの効き目を借りて木陰で昼寝というのがもっとも利口な過ごし方である。そこかしこ、食うに困らない果物が実り、昼寝は公認、時間がゆっくりと過ぎて行く。この環境は日本人だけではなく、世界中の誰もが憧れる理想郷だが、かつて、支配者であったオランダもインドネシアにおいて理想郷を現実のものとしていた。加えて、オランダにとってのインドネシア（バタビアとも呼ばれていた）は巨万の富を生み出すエルドラド（黄金郷）でもあった。

一五九五年（文禄四）、オランダは初めてインドネシアに向けて航海に乗り出し、ハウトマン率いる四隻の艦隊は一五九六年（慶長元年）六月、ジャワに到着している。当時ヨーロッパで爆発的な人気を誇る胡椒をジャワから持ち帰ったのだが、続く一五九九年（慶長四）七月にはJ・ファン・ネックの艦隊がやはり大量の胡椒を持ち帰り、これが驚くことに四〇〇パーセントもの利益をもたらしたのだった。当時のヨーロッパでは肉料理における香辛料は香草程度だったが、ポルトガル人が初めてヨーロッパにもたらした胡椒は肉料理を格段に美味しくするとして人気を博した。一五五〇年頃、ポルトガルは地中海、アフリカ沿岸、アジア海域の交易を独占し、通商における公用語はポルトガル語となっていた。現在でも日本語として定着しているタバコ、ビードロ、バッテラ、バンコ（縁台）、ボーブラ（カボチャ）などはポルトガル語だが、さほど当時のポルトガルが全世界に勢力を伸ばしていたことになる。この当時、交易に従事する者の技能としてポルトガル語は必須であり、オランダの若者たちも語学習得のためにポルトガルに赴くほどだった。なかでも、ディルク・ヘリッツ・ポンプ（Dirck Gerritsz Pomp）、ヤン・ハイヘン・ファン・リンスホーテン（Jan Huyghen von Linschoten）という二人のオランダ人はポルトガルのアジア交易に従事した経験者として著名だった。その一人、ディルク・ヘリッツ・ポンプはディルク・シナ（シナ通のディルク）としてオランダでは名が知られ、彼のレポートによってオランダ人は黄金郷のアジアを知ったのだった。

このポルトガルのアジア交易による繁栄をイギリス、オランダ、フランスなどのヨーロッパ諸国が見逃すはずもなく、イギリスは一六〇〇年（慶長五）、オランダは一六〇二年（慶長七）、フランスは一六〇四年（慶長九）に交易商社である東インド会社をそれぞれ設立している。なかでも世界初の株式会社といわれるオランダの連合東インド会社（ＶＯＣ：Vereenigde Oost-Indische Compagnie）は日本との関係強化を画策し、その結果、長崎出島を通じての二〇〇年に及ぶ独占貿易につながった。

日蘭関係の発端、リーフデ号

長崎の出島を通じた日蘭関係だが、そのきっかけはオランダの私掠船リーフデ号（Liefde）が日本に流れ着いたことから始まる。私掠船とは聞きなれない言葉だが、政府の許可を得て交戦国の船や基地を襲撃し、掠奪した物資を政府、船長、船員で分配する船のことをいう。政府公認であることから掠奪行為は処罰の対象にならず、いわば、国益という大義名分に沿った都合のよい海賊船だった。

その私掠船リーフデ号（三〇〇トン）は一五九八年（慶長三）六月二十七日にオランダのアムステルダムを出港した。大西洋を南下し、南アメリカ大陸最大の難所である喜望峰を廻っての大航海だった。慶長五年（一六〇〇）四月十九日に豊後の臼杵湾（現在の大分県臼杵市）にリーフデ号は流れ着いた。出港当初は五隻の船団だったが、マゼラン海峡で引き返すもの、チリで

〈上〉東京駅前　新丸の内ビルのリーフデ号
地下駐車場出入り口そばにあるためか気付く人は少ない

〈下〉船尾にはエラスムス像も復元されている

スペイン軍に投降するもの、太平洋で沈没したもの、果てはモルッカ諸島でポルトガル軍に捕まり皆殺しとなった船もあった。結局、リーフデ号のみが日本（アジア）に流れ着いたが、乗組員一一〇人のうち、生き残った者はわずかに二〇人だったという。およそ二年の航海を経て、五隻の船団員五〇〇人近くのうち二〇人しか生存できない苛酷な航海だった。東洋では自然界の山や海は崇拝の対象となるが、西洋では「魔物」が棲むものと信じられる。その「魔物」を制覇することで富と名声を得られると考えられていた。キリスト教の「慈愛」を意味するリーフデ（Liefde）という言葉を船名に用いたのも、魔界の海から守護されることをオランダ人が願っていたということになる。

　この私掠船リーフデ号が日本に流れ着く以前、日本はポルトガルと交易を行なっていた。天文十二年（一五四三）、ポルトガル人が種子島に漂着して鉄砲を伝えたが、この船も私掠船だった。ポルトガル船は広くアジア海域にまで及んでいたが、インドのゴアから八レアル銀貨（スペイン系の交易用の銀貨）、油、ワインをシナ（中国）のマカオに持ち込み、ここで金や生糸に交換して日本に持ち込んでいた。日本は銀の産出量が豊富であり、ポルトガル人は交換した日本産の銀を再びマカオに持ち込み、ここで金や生糸を購入し、ゴアに運ぶ交易で富を築いていた。

　このポルトガルとの交易が盛んな時代、キリシタン大名で有名な長崎の大村純忠《おおむらすみただ》はイエズス会に自領地（長崎）を寄進した。これはポルトガル船を他の大名支配地に入港させないための措置だったが、南蛮貿易の巨利を独占する目的からだった。このことは織田信長が自身の支配地でキリスト教宣教師を保護したことにも通じるが、大村のイエズス会への傾斜は信仰のためではなく南蛮貿易が目的だった。このことはキリシタン大名の小西行長も同じだった。小西は豊臣秀吉の命を受けて文禄の役（文禄元年、一五九二年）、慶長の役（慶長二年、一五九七年）で朝鮮に出兵したが、俘虜の朝鮮人をポルトガル、イタリアの奴隷商人にタダ同然で売り飛ばし、抵抗する者には残虐な殺戮を繰り返していた。奴隷を獣として取り扱う奴隷商人たちですらクリスチャンらしからぬ小西の蛮行に大変な驚きを示したという。

信長亡き後を引き継いだ豊臣秀吉もポルトガルが長崎に持ち込んだ九万カティ（九百万斤）の生糸を落札し、南蛮貿易のうま味を試みている。しかしながら、天正十五年（一五八七）にキリスト教禁教令を出し、続く天正十九年（一五九一）だけでも二万五七〇〇人というキリシタンを殺戮している。これはイエズス会とマカオのポルトガル商人が密接な関係にあり、イエズス会が宗教的、世俗的権威となることに秀吉が怖れを抱いた結果だった。その後、秀吉の死によって政権は徐々に徳川家康に移行していくが、そこに登場したのがウィリアム・アダムス（William Adams）、ヤン・ヨーステン・ファン・ローデンステイン（Jan Joosten van Lodensteyn）、メルヒオル・ファン・ダントフォールト（Melechior van Dantvoort）というリーフデ号の乗組員たちだった。

リーフデ号が豊後の臼杵に流れ着いたのは慶長五年（一六〇〇）四月のことだったが、この年の九月、天下分け目の関ヶ原の戦いが起きた。この関ヶ原の戦いでは、リーフデ号に積み込

八重洲大通り中央分離帯のヤン・ヨース
テンとリーフデ号のレリーフ
先を急ぐ都会人の多くは気が付かない

東京駅八重洲地下街ヤン・ヨーステンの胸像
通路に面しているが目立たない

んであった銃砲や大砲が戦場に運び込まれ、海難救助のお礼のつもりなのか、オランダ人乗組員も徳川方の陣に加わるというものだった。リーフデ号の銃砲や大砲は防水性の高い布に包まれていたことから戦場に運び込まれたのだが、戦いが終わった後、家康はオランダ人協力者を大切に扱っている。かつて、自身の窮地を救ってくれた関西の漁師たちに家康は江戸湾の漁業権を独占させたが、日本に帰化したイギリス人三浦按人《みうらあんじん》ことウィリアム・アダムス、東京駅の八重洲に名前を残す耶揚子《やようす》ことヤン・ヨーステン・ファン・ローデンステインを貿易のアドバイザーとして重用した。さらに、帰国するリーフデ号の船長であったヤコブ・ヤンツ・クワケルナーク（Jacob Jansz Quaeckernaeck）には自由貿易を許可する朱印状（交易許可証）を与え、それは設立されたばかりのオランダ連合東インド会社に届けられた。

慶長六年（一六〇一）、家康はルソン（フィリッピン）長官のグスマンに呈書を送っている。東南アジア海域で海賊行為をはたらく倭寇を取り締まる内容だったが、取り締まりを強化することで明（中国）産生糸の輸入を円滑に進めたいという思惑からだった。この対応は文禄、慶長の役で輸入が途絶えがちだった明の生糸をオランダ船によって安定的に輸入する目的があったからだが、三浦按人たちのアドバイスの結果でもある。この徳川幕府の明の生糸輸入にかける意気込みは強く、慶長十二年（一六〇七）の朝鮮との国交回復交渉においては一四〇〇人余の捕虜を朝鮮使節に引き渡している。さらに秀吉の朝鮮出兵の拠点であった肥前名護屋城（佐賀県唐津市）の石垣を破壊し、わざわざ朝鮮使節の船を遠廻りさせてまで現場を見せるほどだった。日本が明に攻め込む意志の無いことを喧伝し、安定的に明の生糸輸入を図る狙いがあった。

ポルトガル人が種子島に漂着して鉄砲を伝えたことは戦国大名の戦術論に風穴を開ける出来事だった。オランダのリーフデ号（Liefde）の漂着は交易による財政安定を再認識させる互恵関係構築の機縁だった。

オランダの対日独占貿易への道

日本に漂着したリーフデ号の船長ヤコブ・ヤンツ・クワケルナークは帰国に際し徳川家康から朱印状（交易許可証）を与えられ、それはオランダの連合東インド会社（VOC）に届けられた。慶長十四年（一六〇九）七月、ローデ・レーウ・メット・ペイレン（Roode Leeuw met Pijlen）、グリフィウィーン（Griffioen）という二隻のオランダ船が平戸にやってきた。リーフデ号乗員救助に対しての連合東インド会社からの返礼使節だが、家康はこの使節を駿府城に招き、正式な朱印状を下付している。このオランダに交付された朱印状は、慶長七年（一六〇二）にスペイン、慶長十八年（一六一三）にはイギリスにも下付されている。

徳川幕府からヨーロッパの国々に朱印状が下付されたことにより、慶長十四年（一六〇九）には平戸（現在の長崎県平戸市）に商館が設けられることになった。オランダ、イギリスはここを拠点に交易を行なう事になり、リーフデ号の乗員で日本に帰化していた三浦按人《みうらあんじん》（イギリス人・ウィリアム・アダムス）、耶揚子《やようす》（オランダ人・ヤン・ヨーステン）も平戸商館を本拠地にして商業活動に励んだ。しかしながら、元和三年（一六一七）頃、イギリスとオランダは連合を組み、フィリッピンのスペイン、ポルトガルを攻撃しては海賊行為もはたらいていた。食料や傭兵も準備できる平戸は英蘭の海賊基地と化していたが、傭兵などは関ヶ原の戦いでの日本人敗残兵によって占められていた。スペインは幕府から朱印状を得ていたものの、英蘭連合によって日本への輸出品が掠奪され交易が成り立たなくなっていた。ポルトガルもスペイン同様に英蘭連合に襲撃され、元和七年（一六二一）にはマカオと日本を往復するポルトガル船の掠奪を止めるよう徳川秀忠が英蘭連合に示唆するほどだった。そんな日本の忠告にも構わず、バタヴィア総督のヤン・ピーテルスゾーン・クーン（Jan Pieterszoon Coen）はオランダ人一二〇〇人、奴隷一五〇人、一二隻の艦隊という陣容を整え、マカオのポルトガル基地を攻撃している。まさにアジアはヨーロッパの海賊船が出没する海域となっていた。

オランダがこれほどの海賊行為に懸命なのも、生糸の対日貿易でポルトガルが五〇パーセントから七〇パーセントもの利益を上げていることを知っていたからだった。平戸商館の二代目商館長レオナルト・カンプス（Leonard Camps）は日本が自給できない物は生糸のみと判断していた。オランダ側の試算では日本の生糸の年間輸入量は約三〇〇〇ピコル（約一八〇トン）に及んでおり、金額に換算すると一〇〇万八〇〇〇レアルの売り上げに対し、八五万レアルの利益（八五パーセント）を上げられると踏んでいたからだった。さらに、その利益の全てを銀塊に交換できるだけの保有量が日本にあることも知っていた。

三浦按針にちなんでつけられた按針通り
日本橋三越を望み近くにはお江戸日本橋
がある

三浦按針の屋敷跡碑　按針通りに面して
いるがビルとビルの隙間にあるため見つ
けるのに苦労した

一六二二年（元和八）、オランダは台湾に商館を設けることができた。これは、平戸商館長のジャック・スペックと耶揚子（ヤン・ヨーステン）がカピタン・シナこと密貿易商の李旦《りたん》とジャンク船で密貿易の仕事をしていた関係からだった。さらに、一六三三年（寛永十）、オランダは台湾にゼーランディア城という拠点を設けることができたが、このことでオランダが本来の目的としていたシナ（中国）との交易が盛んになった。

一六三三年（寛永十）から一六三六年（寛永十三）にかけ、幕府はキリシタンと宣教師を取り締まる海禁令を出している。寛永九年（一六三五）、幕府は日本人の海外渡航の禁止を決定し、さらに、南蛮貿易の先駆者であるポルトガル商館を寛永十三年（一六三六）に長崎出島に移るようにと命じた。寛永十四年（一六三七）、キリシタンの反乱である「島原の乱」が勃発した。島原の乱は長崎の島原、熊本の天草地方のキリシタン（旧教徒）の反乱だが、寛永十五年（一六三八）の総攻撃で婦女子までをも含む三万七〇〇〇人が皆殺しとなった（「島原の乱」はキリシタンの反乱でもあるが、農民に対する圧政への反発でもあった）。この乱の鎮圧に幕府の松平信綱はオランダとポルトガルに協力を求め、同じキリスト教でも新教のオランダは平戸商館のクーケバッケル商館長（Nicolaces Couckebacber）自らがレイプ号（Riip）を率いて原城（長崎県島原市）を砲撃するというものだった。反面、旧教のポルトガルは鎮圧に加担しなかったことから寛永十六年（一六三九）、幕府はポルトガルとの交易を禁止し、残留ポルトガル人も国外追放処分となった。

一六四〇年（寛永十七）五月十七日、ポルトガルは再度の交易を求めてマカオから日本に使節を送った。ルイス・パエス・パチェコ（Luis Paes Pacheco）を筆頭に四人の使節が来日したが、幕府はポルトガル人乗組員六一人とともに処刑している。マカオの原住民一三人だけは送り返したが、日本のポルトガル拒絶の意志を伝達させるためだった。オランダ東インド会社のバタビア総督府は当初から日本との生糸貿易を独占することを画策していたが、このポルトガル追放の知らせを受けて祝賀会を開くほどだった。シナ（中国）から日本へは年間およそ一八〇トンの生糸が輸出されていたが、寛永十年（一六三三）頃から生糸輸入はオランダ船に振替えられていた。「島原の乱」はキリシタン弾圧と生糸の安定輸入を目論む幕府、生糸貿易で日本の銀を独占したいオランダとの思惑が一致した事件でもあった。

「島原の乱」で幕府に忠誠を尽くしたオランダだが、幕府の平戸商館の巡察を受けたことから変化が生じた。平戸のオランダ商館には倉庫が新築されていたが、破風に一六三九年と西暦（キリスト教暦）での表示があることに巡察使の大目付井上筑後守政重が警戒感を抱いたからだった。幕府は商館長のフランソワ・カロン（Francois Caron）に左記のことを厳命した。

一、オランダ人による宗教儀式の禁止
二、商館長の毎年の交代
三、一六三九年倉庫から順次取り壊し（平戸商館の全面的な取り壊し）

とりわけ、幕府が脅威に感じたのはおよそ二万個の石で築かれた倉庫だった。破風の西暦が問題というよりも、その堅牢さにあった。「島原の乱」の際、原城に多くのキリシタンが籠城したが、この石造りの倉庫が城塞に転用されることを恐れたのだった。その倉庫は、横幅一五二・五フート（約四三メートル）、奥行き四五フート（約一三メートル）、軒高二四フート（七メートル）という堅牢なものだった（一アムステルダム・フートは約二八・三センチ）。

「島原の乱」の後だけに、幕府がいかにキリシタンの反乱に苦慮したかが窺い知れる史実である。さらに、この幕府の命令にオランダ側が従順に従ったのは、一六四四年（正保四）に明が滅亡し、北方民族の清による王朝が成立したこともあった。王朝の交替で台湾の貿易拠点を失ったことはオランダにとって大きな痛手だった。平戸商館取り壊しという屈辱にオランダ側が耐えたのは、今後の独占的な対日貿易に莫大な利益を見込んでいたからである。

第三章　鎖国の時代

江戸時代、幕府は西洋との交易はオランダに限定し、その交易地も長崎の出島のみで行うように厳命した。鎖国政策を断行する幕府の厳重な監視下、オランダとの貿易額は限定的だった。日蘭が相互に何を輸出入し、代金支払いに何を充てていたのかを見ることで、日本の経済状況、環境、世界をのぞき見ることができる。

さらに、長崎での交易の中心はオランダであり、唐船は補助的な役割のように考えられていたが、その実際は逆であった。貴重と思われていた砂糖がオランダ船のみならず唐船によっても持ち込まれており、厳格に統制されていたはずの交易は意外にもルーズだった。

この章では、オランダと唐船との交易の実態を比較することで、鎖国下での交易の実際がどのようなものであったかを述べている。

出島移転と「鎖国」

寛永十八年（一六四一）四月、オランダ商館長ル・メール（Maximiliaen Maire）は幕府から長崎出島に商館を移すことを命じられた。平戸のオランダ商館はスペイン、ポルトガルの物資を掠奪する海賊基地と化しており、オランダ船には銃砲、大砲が搭載されていた。そこに堅固な石造りの倉庫が出来上がれば「島原の乱」でキリシタンが立て籠もった原城と同じ城塞になりうると映ったからである。倉庫の破風に記された西暦（キリスト教暦）は単なる幕府の方便でしかなかった。残された絵図や生活の記録を見ると、オランダ人たちは自由気ままに平戸に定住し、その集合体の総称としてオランダ商館と呼んでいたようだ。今から三〇年ほど前、現存する「オランダ塀」や「オランダ井戸」を訪ね、古物商で商館跡から出土したというナイフ、フォーク、スプーンなどの金属食器類を目にした。これによって確かに平戸にオランダ人の商館があったことを知ったのだった（現在、平戸では日蘭修好四〇〇年を記念して商館跡などの復元事業が始まっている）。

一般的な歴史年表には寛永十六年（一六三九）に幕府は鎖国を断行したと出ている。しかしながら、寛永十年（一六三三）から段階的に法令が出されており、オランダ商館の長崎出島への移転が鎖国政策の最終仕上げであった。鎖国政策の主な柱となるのは、左記の三つになる。

一、日本人の海外往来の禁止

二、キリシタン、宣教師の取り締まり
三、外国船貿易の諸規定

これに、ポルトガル人の来航禁止、武器輸出禁止、幕府による貿易の統制が加わる。このオランダ商館の長崎出島移転にともない、従来、平戸のオランダ商館に雇用されていた通詞たちも長崎出島に移ることになった。ただし、「阿蘭陀通詞起請文」（寛文十一年、一六七一）という誓約書を提出して幕府に忠誠を誓い、長崎奉行所に属する形にならなければならなかった。このことは、オランダ側からすれば通詞という幕府のスパイを送り込まれたのと同じだった。

その起請文（誓約書）の内容は、

一、オランダ語学習
二、国家機密の保持
三、キリスト教の禁止
四、商売の公正

というものが主になっている。

誓約書の冒頭にオランダ語学習が来るのも不思議な感じだが、平戸のオランダ商館においてはポルトガル語で用をなしており、多くの通詞たちはオランダ語を知らなかった。そのため、通詞たちは出島に移転した当初はポルトガル語、オランダ語を併用し、オランダ語に特化する学習を義務付けられたのだった。オランダ商館の通詞同様、貿易従事者である唐通事は帰化した明人《みん》（中国人）、明人と日本人女性との間に生まれた子供だった。このため唐通事は従来通りだったが、オランダ通詞は全員が日本人であり、日本語（漢文）とオランダ語を同時に学習する必要があった。起請文（誓約書）は幕府がキリスト教流入を懸念し、オランダを全面的に信用していなかったことを象徴するものである。杉田玄白は『蘭学事始』のなかでオランダ通詞を批判するが、ハンディを抱えてのオランダ語習得であったことを考えればオランダ通詞にとっては酷な指摘である。

一般に「鎖国」という言葉から諸外国に対して交易窓口の全てを閉じたという印象がある。しかしながら、この「鎖国」という言葉じたい、元禄三年（一六九〇）に来日したオランダ商館付の医師エンゲルベルト・ケンペル（Engelbert von Kämpfer）が著わした著書の翻訳から生まれた言葉である。「この国と海外とのあらゆる交際を禁じている」という文言の翻訳だが、享和元年（一八〇一）、志筑忠雄《しづきただお》というオランダ通詞によって日本語の「鎖国」に置き換えられた。志筑忠雄とは杉田玄白が酷評するオランダ通詞の中で、唯一、絶賛するオランダ通詞である。ケンペルは日本が鎖国に対処できるのも、「他国から隔絶された地理的条件」を整えているからと記している。志筑が「鎖国」を翻訳した一九世紀、すでに人類の文明がケンペルの言うところの地理的条件を凌駕してしまった後だったが。

ケンペルが日本紹介の論文を書いている頃、日本を取り巻く環境も変化しつつあった。大陸の明は北方民族（満洲族）に侵略されつつあり、寛永二十一年（一六四四）、正保三年（一六四六）、慶安三年（一六五〇）に明や台湾の鄭成功《ていせいこう》から幕府に対して援軍の要請がきた。幕府は対応の検討はするものの、ついに援軍を送ることはしなかった。一説には日本と明との直接取引が成立すればオランダの対日独占貿易の崩壊につながり、これを恐れたオランダ側が状況を看過した方が良いと忠告をしたからといわれている。

明暦二年（一六五六）、シャム船（タイ）が長崎に来航した。この時、このシャム船は唐船（中国）として扱われた。東南アジアのどこの国の船であれ、幕府はキリスト教国でなければさほどの問題にしなかった。しかしながら、寛文十三年（一六七三）七月、イギリスのリターン号（Return）が再び交易を求めて長崎に来航してきたときは拒絶している。イギリス王室はオランダと同じ新教ではあるが、カトリック（旧教）のポルトガル王室と縁戚関係であることを理由に日本側は拒絶している。ここにもオランダの対日独占貿易の画策があったが、幕府がカトリック教国を拒絶するのもキリシタンが「死」を恐れなかったことにある。治安維持の刑罰の一つである「死刑」はキリシタンには通用せず、為政者としては旧教が浸透すると治安維持が難しいと判断していたからである。権力者は民衆に「踏み絵」を強要し、仏教の宗門人別帳（戸籍代わり）による相互監視統治を好んだ。

他国の政変に関与せず、宗教（仏教）を自国の統治体制に変化させる日本をケンペルは理解し難かった。「地理的条件」という言葉で日本の外交政策を結論したのではと思われる。日本は「鎖国」をしていたといわれながら、実際は長崎においてオランダや唐船と、対馬藩は朝鮮釜山の倭館（交易所）で、薩摩藩は琉球経由で、松前藩はアイヌを通じての交易を行っていた。都合、四つの口（交易の窓）が開いており、統制による経済の均衡を図っていた。

出島での生活

出島に移されたオランダ商館だが、詳細な決めごとが日本側からオランダ商館長に申し渡された。それはオランダ人の想像以上の屈辱的な内容だった。監視、出島の高い家賃支払い、船の立ち入り検査及び武器の取り上げ、役人による乱暴なふるまい、死体は原則水葬、取引額の制限、輸入量の制限、売れ残り商品の積み戻し、日本暦での入出港、日本人の雇用禁止など、細目に渡っていた。この日本人の雇用禁止だが、従来、通詞や労務者はオランダ商館側が雇い入れていた。しかしながら、幕府への忠誠とキリスト教禁教のために長崎の地役人が出島での業務一切を取り仕切った。オランダに対する詳細な制限と介入に対し、次の商館長であるエルセラックが改定の申し入れをするが、何一つ聞き入れられなかった。逆に、海外事情についての報告書（オランダ風説書《ふうせつがき》）提出を義務付けられるほどだった。

オランダ商館が移された長崎出島だが、扇の形をした人工島である。狭い底辺は横に約七〇メートル、広い頂上辺は横に約二三二メートル、一万五三八七平方メートル、東京ドームのおよそ三分の一の広さである。この出島だが、オランダ人を隔離するために日本側が無償提供したものと思うが、二五人の長崎商人が所有しオランダ東インド会社に賃貸借したものだった。移転当初、賃借料は五五貫目（五五〇〇タエル、八二五〇グルデン）との取り決めがなされていたが、賃料の支払い通貨もまちまちであり、その料金も貿易量によって変化している。その賃料を現在の物価や貨幣価値に換算するのは難しいが、この出島の賃借料の推移によって日本とオランダとの交易状況（取引量）が窺える。

　また、貞享二年（一六八五）の貞享令《じょうきょうれい》により、オランダに対して金一両は銀六八匁、唐船に対しては銀六〇匁と交換レートが異なっていた。

　さらに、元禄八年（一六九五）には貨幣の改鋳が行なわれ、正確ではないが、移転当初の賃借料の交換レートで単純に換算しても、左記のようになる。

寛永十八年（一六四一）　五五・〇貫目、五五〇〇タエル、*八二五〇グルデン*

貞享十三年（一六八六）　一三〇・二貫目、一三〇二〇タエル、一九五三〇グルデン

享保十八年（一七三三）　二七・五貫目、二七五〇タエル、四一二五グルデン

　このように、変化するオランダの対日独占貿易だが、慶安二年（一六四九）のオランダ東イ

ンド会社の年間取引高一六四万グルデンのうち、日本は七一万グルデンと実に四三パーセントを占めていた。高いといわれる出島の賃貸借料、幕府の厳しい監視下に耐えるだけの貿易のうま味は十分にあったのである。

＊ギルダーはオランダ通貨の英語読み、オランダ語ではグルデン（gulden）と呼ばれる。オランダ側の資料にはタエル（tael）という通貨単位で記されているが、タエルはドイツ語のウムラウト読みすればテールと発音する。通貨単位の両は日本では「りょう」と発音し「テール」とも発音する。オランダ人は両をテールと発音し、taelと記していたと考えられる。江戸時代の五五貫目は五五〇〇両に相当するので、通貨単位としても合致する。清国の両は重量の単位、一両は三七・三一二五グラム、純度九九パーセントの銀で換算されていた。

出島の管理にはオランダ人同様に関係者以外の日本人に対しても決まりごと（禁止事項）があった。

一、遊女（傾城《けいせい》）以外の女性が入ること
二、高野聖《こうやひじり》以外の僧が入ること
三、乞食その他の物乞いが入ること
四、出島の周囲の立て札（傍示《ぼうじ》）内に舟で入ること
五、理由なくオランダ人が外に出ること

遊女とは丸山遊女を指している。この遊女にも三段階あり、日本人行き、唐人行き、オランダ人行きと人種によってランク分けがされていた。遊女は傾城（けいせい）とも呼ばれるが、オランダ人は「ケーシェ」と発音していた。遊女を芸者と同じとみて「ゲイシャ」が「ケーシェ」に転じた感があるが、九州北部、西部地域では「さしすせそ」を「しゃ、しぃ、しゅ、しぇ、しょ」と発音する訛りがある。長崎人の「けいしぇぃ」の発音から「ケーシェ」と呼ぶようになったと推察する。

次の高野聖の立ち入りだが、同じ仏教者でも僧侶の立ち入りはできないとある。これは、長崎地役人が高野聖を労務者として使用していたと思える。隠れキリシタンが労務者に紛れて出島に出入りするのはマズイが、さりとて僧侶では力仕事はできない。しかしながら、仏教者の最下層に属し、行商人でもある高野聖であれば問題ないと考えた末の苦肉の策と思える。当然、乞食、物乞いなどが出島に入れば交易の邪魔になり、出島に住み着く恐れがあるからである。

出島は四囲を海で囲まれているが、舟であれば近づくことができる。昔の出島図を見れば海中に杭が出ており、これが海上の立ち入り禁止の境界（傍示）を示すものと思われる。最後の禁止事項だが、日本人向けの注意でありながら「オランダ人が外に出ること」とある。オランダ人が出島の外を出歩いているところを見たらば通報せよという意味と受け取れる。

本来、この長崎出島にはオランダ人のみが滞在していたと思われていた。しかしながら、ドイツ人などが散見され、その代表的な人物として『日本誌』を著わしたケンペル（Engelbert von Kämpfer）、先進的医学教育を施したシーボルト（Philipp Franz von Siebold）という商館付の医師がいる。変わったところでは将軍吉宗の西洋馬の馬術師カイザーリング（Johan Georg Keijserling）がいる。長崎出島を監視する役人たちはいずれがオランダ人かドイツ人なのかの区別はつかなかったが、オランダ通詞たちは発音からドイツ人が紛れこんでいることを黙認していた風がある。出島に滞在したドイツ人はオランダ人になりきり、発音はもとより、アルファベットのスペルについても注意を払っていた節がある。ケンペルも本来、Kämpferが正式だが、Kaempferと綴られ、ドイツ語特有のウムラウトを意図的に使用していないようだ。*

＊英文タイプ等でä（エーウムラウト）がない場合、aeで代用することが可能であり、現在のインターネットでもaeで表記されているのを散見する。

出島にはオランダ人に偽装したドイツ人の他、日本人が黒坊《くろぼう》と呼ぶベンガル人、ジャワ人の奴隷がいた。この奴隷をオランダ人はキューピッド（天使：cupid）、フィランデル（漁色家：philander）と呼んでいた。奴隷たちは身を一枚の布で覆うだけで裸同然だったことから、オランダ人は奴隷を裸ん坊の天使として揶揄していた。さらに、捕鯨船など白人が乗った船が南洋の島に近付くと島民は競って船に乗り込み、船員からわずかばかりのタバコや珍しい品々を貰い受けていた。その代償として船員相手に妻に売春をさせていたが、ここから原住民、黒人を漁色家と呼んだとみられる。しかも、その悪意のこもったニックネーム同様、奴隷の扱いは家畜同然で、奴隷が不治の病にかかるとオランダ人は無理やり毒薬を飲ませ、いとも簡単に殺していた。殺されると分かった奴隷は毒薬を飲むことを拒絶するが、オランダ人は「チャン綱」と呼ばれるビロウの樹皮に松ヤニを塗った一メートルほどの鞭で撲り殺しにするのが常だった。殺した後は葬儀を執り行う事も無く、航海中であれば海に放り投げ、長崎出島では悟真寺《ごしんじ》という寺の墓地の片隅に生ごみの如く埋めるだけだった。かつて、ナチス・ドイツがユダヤ人を強制収容所で毒ガスによって大量殺戮したが、オランダ人による奴隷の扱いも同様だった。

出島での交易

長崎ではオランダ、唐船《とうせん》（清の船やシャム船など）と交易を行なっていたが、その輸入量については表向き、厳格な取り決めがされていた。

唐船　銀六〇〇〇貫
オランダ　金五万両

ここで、唐船に対しての輸入代金決済が銀でオランダへの輸入代金決済が金になっているが、幕府は寛文二年（一六六八）に対オランダ貿易には金を使うように指示した。さらに、享保二年（一六八五）には定高制《じょうだかせい》（輸入制限）により金五万両と貿易額を決めている。追って寛文八年

（一六八八）にはオランダへの銀輸出を禁じてしまった。これは一七世紀末から唐船の来航が増加したこともあるが、日本の銀の産出量が減少したからである。このことからも、交易の本来の相手国は唐船（清国など）であり、唐船との交易が盛んになるにつれてオランダとの交易を制限したのである。この唐船とオランダとの交易額は銀と金の違いはあるが、唐船二に対しオランダ船一の貿易額となっている。

このオランダへの銀輸出禁止の背景には明暦三年（一六五七）の「明暦の大火」（振袖火事）が原因だった。江戸城天守閣の下に備蓄していた金銀が溶けて流出してしまったことにある。さらに、江戸の町の再興資金が必要なことから幕府財政が急激に悪化したからだった。幕府は勘定奉行荻原重秀《おぎわらしげひで》の発案で貨幣の改鋳に取り組み、従来の純度八四・二九パーセントの慶長小判を元禄小判として純度五七・三六パーセントに変えてしまった。慶長銀も純度八〇パーセントから純度六四パーセントの元禄銀に改鋳し、貨幣の供給率は八五パーセントの増加をみたが、反面、米価が上がり、庶民生活を圧迫するものとなった。この慶長銀の改鋳は朝鮮貿易に従事していた対馬藩の信用失墜につながり、幕府は特別に朝鮮人参の支払い用に純度八〇パーセントの「人参代往古銀」を鋳造して信用回復に努めた。

しかし、その後、万治三年（一六六〇）頃から日本国内の銅生産が上向き、純度九九パーセントの銅を年産一〇〇〇万斤（六〇〇〇トン）も産出した。これは実質、日本が世界一の銅産出国であったことを示し、オランダは寛永元年（一六二四）に交易による決済を銅に移行し、日本銅をヨーロッパに送り込むことで利潤を確保していった。この日本産の銅は元禄八年（一六九五）には棹銅一八〇〇万斤、元禄十年（一六九七）には二五〇〇万斤と増加して行った。ここで幕府は元禄十一年（一六九八）に棹銅の輸出上限を二五〇〇万斤と制限した。しかしながら、すでにこの時、銅の産出量は落ち込み、一五〇〇万斤から一八〇〇万斤がせいぜいで、逆に唐船から六六〇〇万斤の銅を輸入するほどであった。

長崎出島での貿易において注目すべきは表向きの貿易だけではなく、私貿易が認められていたことにある。この私貿易は脇荷と呼ばれ、オランダ東インド会社が持ち込む商品とは別に、オランダ船の船長、船員などが私物として持ち込み、売却を許可された品々のことをいう。船員一人につき四〇〇貫と持ち込み制限があり、それを超えた品々は抜荷（密貿易品）として積み戻しとなった。いわば、脇荷は遠隔地へ向かう船乗りたちへの成功報酬、ボーナスの役目をはたしていた。

唐船とオランダ船での輸入割合は二対一に制限されていたが、奉行所、長崎の地役人も自分たちの利益のために脇荷の規定数量を黙認する傾向があった。地役人には除き物という輸入品の〇・五パーセントを原価で買える特権があり、このために地役人の員数は年々増加していった。

長崎地役人の員数の推移

・寛永十七年（一六四〇）　五〇〇人から六〇〇人
・延宝八年　（一六八〇）　一〇四一人
・宝永五年　（一七〇八）　一七四三人
・天保九年　（一八三八）　二〇六八人

実に、およそ二〇〇年の間に四倍近くも地役人が増えている。さほど、長崎での貿易が利潤を生みだしていたことになるが、江戸から派遣される奉行、地役人、地元民、果ては乞食まで、長崎の町が丸ごと恩恵にあずかる仕組みとなっていた。元禄十一年（一六九八）には長崎会所という貿易全般を取り仕切る役所組織ができており、時には五一八パーセントの利潤をあげる相互扶助団体となっていた。さらには、公認の脇荷四〇〇貫分を不正に操作するのは毎回のことであり、長崎商人はオランダ船や唐船が持ち込んだ積荷に対して入札という価格交渉（値下げ）に及ぶのが常だった。

オランダの商館長、船長、船員が持ち込む脇荷は各種織物、香木、ガラス製品、べっ甲、書籍、時計、外科器具などだったが、砂糖などは投機性の高い商品とみられていた。逆に日本からオランダへの脇荷は銅製のヤカン、風呂桶、網という銅製品であり、輸出量が制限された銅といえども商品化することで規定量以上を持ち出していた。さらに、肥前有田の陶磁器の人気が高く、オランダ東インド会社が正規に買い付けた陶磁器の実に二一倍にあたる一四万九〇〇〇枚もの食器類が船長や船員の脇荷として運び出された。他にも、漆器などはどれほどの数量が輸出されたかわからないという。

この日本とオランダとの貿易が増大した背景には将軍吉宗が蘭学を実用的な学問と評価したことが大きい。将軍吉宗お墨付きの蘭学（オランダ趣味）は大名や豪商にも人気が広まり、宝暦五年（一七五五）の記録では出島のオランダ商館に一日で二〇〇人もの見学者が訪れたとある。天明二年（一七八二）、オランダ船、唐船のいずれもが長崎に一隻も入港しなかった年があるが、このときの江戸から派遣された奉行は役得が得られず、大きな損失を被ったと伝わっている。寛政十年（一七九八）、江戸参府帰りのオランダ商館長ヘンミー（G.Hemmij）が急死した。これは、薩摩との間の銅の密貿易が幕府に発覚し、処罰から逃れられなかったことを悔やんでの自殺といわれている。幕末、対日貿易を独占していたオランダ東インド会社だったが、ヨーロッパでの戦乱にオランダが巻き込まれ、そこにオランダ東インド会社の商館員たちによる脇荷（私貿易）と抜荷（密貿易）によって会社自体の利益があがらなくなっていった。

人間の欲の深さに洋の東西はないが、オランダ船、唐船ともに脇荷、抜荷が多かった。元禄二年（一六八九）、オランダ商館同様に唐船も唐人屋敷を設けての交易を義務付けられた。隔離することで幕府は貿易量の統制を図る目論見があったが、唐人は出入り自由の丸山遊女を屋敷に呼んで抜荷をさせていた。記録ではオランダ人が出島に呼んだ七五倍もの遊女を唐人は呼び寄せていたという。

唐船との砂糖交易

「鎖国」といいながら、それは厳密なものではなかった。その代表的な例が唐船の来航である。唐船は当初、日本各地の港に自由に入ってきていたが、キリシタン宣教師の密航や貿易量の統制から寛永十二年（一六三五）以降、長崎での一括対応となった。寛永十七年（一六四〇）に七四隻の唐船が来航し、寛永十八年（一六四一）には九七隻、元禄元年（一六八八）には一九三隻もの唐船が来航している。この唐船来航の増大は、天和三年（一六八三）に満洲族による清王朝が成立し、民心が安定したことが大きい。一般に長崎での貿易は出島でのオランダ商館のものに注目が集まるが、シャム（タイ）、トンキン（ベトナム）、ルソン（フィリッピン）などから出港したジャンク船も唐船と称して多数来航していた。これを受けて唐人屋敷が設けられたが、出島のおよそ二倍の広さがあり、人員も五〇〇〇人収容と格段の開きがあった。番人も出島の三〇人に比べて三〇〇人と、その規模はオランダ商館の比ではなかった。取引制限がありながら唐船の入港に対して寛大なのも、その根底にはキリスト教国ではないという安心があったからだった。

この唐船が日本に運んでくるものは漢方薬、書道具などさまざまだが、これらの中で注目したいのは、砂糖である。砂糖はアジア原産で、平戸の商館にポルトガル船が持ち込んだのが始まりだった。ポルトガル人宣教師による布教活動の呼びものは砂糖を使ったお菓子だったが、現在もカスドースという伝統の砂糖菓子が平戸に残っている。他にもオランダ船は船の安定を保つバラストに砂糖を利用していたが、なかにはブレスケン号事件（海難から南部藩領に上陸したオランダ人を誤って捕縛した事件）という外交問題解決のため日本に向かっていた特使が航海途中で亡くなり、砂糖漬けにされて長崎に運ばれた例がある。当初の取り決めでは亡くなったオランダ人は水葬という取り決めだったが、外交特使のピーテル・ブロックホフ（Pieter Blokhof）の遺体を海中投棄するわけにもいかず、この時は特例で悟真寺《ごしんじ》という寺の墓地に葬った。

オランダ船が平戸に持ち込んだ砂糖は年間一〇〇トン程度で、総貿易量の一パーセント程度だった。その後、宝永年間には五〇〇から一〇〇〇トン、総貿易量の三〇パーセントと上昇し、唐船が持ち込む砂糖も加えると年間一五〇〇から二〇〇〇トンといわれている。現代日本の砂糖輸入量は年間一三〇万トンといわれ、これは江戸時代の人口比からして一五〇倍になる。江戸時代の日本人の甘味料といえば麦芽で作った飴や水飴、甘蔓などを連想するが、砂糖が輸入されていたことには驚く。八百啓介氏の研究調査でも一七世紀から一九世紀には一キロあたり一六〇〇円から一一五〇〇円、元禄五年（一六九二）に京都では一キロあたり二〇〇〇円で売られていたと出ている。同じ甘いものでもコンペイトウが一〇〇グラム五〇〇〇円という記録には何かしらの付加価値があるのだろうが、朝鮮貿易に従事した対馬藩も朝鮮への輸出品に少量ながら砂糖を加えている。このことは、長崎に持ち込まれた砂糖が長崎街道（現在の愛称シュガーロード）を通じて朝鮮の釜山にまで流通していたことになる。

この砂糖の輸入に対して唐船への支払いは銀の他、主に俵物と呼ばれる魚介の干物、昆布などが充てられていた。さらに、長崎商人は唐人相手の天神信仰による砂糖の寄進を受けていた。長崎では菅原道真公を祭神とする丸山町の梅園《うめぞの》神社が現在に至るも有名だが、これは元禄十二年（一六九九）に太宰府天満宮から勧請されたものである。このほか、長崎港警備の福岡藩番所があった西泊の西泊天満宮など長崎市内には合わせて九つの天満宮がある。長崎港はポルトガル船などの交易拒絶国の侵入を防ぐため佐賀藩と福岡藩が一年交代で警備をしていたが、それにしても、福岡藩領に本宮がある天満宮が九つもあることが不思議だった。この太宰府天満宮と長崎の天満宮との関係をみていくと、長崎会所の地役人が太宰府天満宮の社家（神職）を通じて唐船の寄進を取り次いでいたことが記録に残っている。

太宰府天満宮は周知の通り、祭神は学問の神様こと菅原道真公である。この道真公は京の都から九州大宰府に左遷されたが、その道真公を慕って京の邸宅の梅が一夜にして大宰府に飛んだという伝説がある。この飛び梅伝説は大陸の唐にまで伝わっていた。さらに、仁治二年（一二四一）に大陸の宋から帰国した聖一《しょういち》国師（博多の承天寺《じょうてんじ》を開山）のもとに天神様（菅原道真公）が現れ、禅宗の奥義について教えを乞うたという。この時、聖一国師は自分のようなものが天神様に教えるなど怖れ多いと伝えると、天神様は唐の国に飛び、禅の教えを会得して帰ってきたという。この逸話から天神様は「渡唐天神」とも呼ばれるが、この伝説から長崎に入港した唐船は無事に帰国できる祈願を天満宮の社家（神職）に依頼していたのだった。この無事に帰国できる天満宮への祈願の謝礼（寄進）が砂糖だった。この寄進砂糖は、ひと口が一万五〇〇〇斤（約九トン）であり、銀や俵物での支払いの必要が無い「寄進」という砂糖取引は長崎会所の役人、太宰府天満宮の社家にとって「甘くて美味しい」仕事だった。

太宰府天満宮

太宰府天満宮の中島社　太宰府天満宮に祀られている田島守というお菓子の神様

博多妙楽寺の「ういろう伝来之地」碑
陳外郎とも呼ばれた陳延裕が伝えるが、
外郎とは礼部員外郎という役職名のこと

「御饅頭所」碑　博多承天寺　聖一国師に
よって日本初の饅頭の製法が伝えられた

梅園神社では身代わり狛犬が有名である。狛犬の口に飴やキャンディーを詰め込むことで、歯痛の身代わりを祈願するものである。「飛び梅伝説」「渡唐天神伝説」に隠れて狛犬の口に甘いものを詰め込む「身代わり」祈願に、砂糖と天満宮の関係を暗示している気がしてならない。

第四章

開国前夜

長崎出島での交易はオランダ政府との直接取引と思うが、実際はオランダ東インド会社という商社との貿易だった。同じように、ヨーロッパ諸国は民間の東インド会社を設立し、アジア貿易へと進出してきた。中でも、イギリスのアジア進出は領土支配にまでおよび、交易相手だったインドは大英帝国に組み込まれていった。このインドを足掛かりにイギリスは清国から「茶」を輸入したが、その代償としてインドで栽培したアヘンを不法に清国に密輸して収益を確保していた。民間といえどもヨーロッパの商社は軍隊を擁し、現地民を傭兵としてアジア諸国を侵略していった。そのイギリスの武力による極東アジアへの進出はヨーロッパの戦乱も加わって日本にもおよび、「鎖国」政策は崩壊の危機に瀕した。

この章では、イギリスによるインド、清国への侵略過程を見ることで、外圧に怯えながらも海防に備える当時の日本の状況をみていく。

弦書房
出版案内

2020年 初夏

『昭和の貌 《あの頃》を撮る』より
母と子の弁当

弦書房
〒810-0041　福岡市中央区大名2-2-43-301
電話　092(726)9885　FAX　092(726)9886
URL　http://genshobo.com/　E-mail　books@genshobo.com

◆表示価格はすべて税別です
◆送料無料（ただし、1000円未満の場合は送料 250円を申し受けます）
◆図書目録請求呈

新刊

団塊ボーイの東京 1967~1971
矢野寛治　1800円

団塊世代の筆者が、六〇年代後半の自身をとりまく人人との間で交わした言葉を大切に蘇らせた力作随想録。

占領と引揚げの肖像 BEPPU 1945-1956
下川正晴　2200円

日本戦後史の空白を埋めるモダン都市・BEPPUの戦後史。地域戦後史を東アジアの視野から。

川の中の美しい島・輪中 《熊本藩豊後鶴崎からみた世界》
長野浩典　2000円

洪水被害、キリスト教布教の拠点、刀鍛冶集団など独特な地域に光をあてた労作。

近現代史

未踏の野を過ぎて
渡辺京二　2000円

棲みにくい近現代の本質を分析し、生き方の支柱を示す評論集。「三島の〈意地〉」の他、世相を鋭く読みとく30編。

預言の哀しみ
渡辺京二

戦後75年を心に刻む

三島由紀夫と橋川文三
宮嶋繁明　2200円

橋川は「戦前」の自己を「罪」とみなし、三島は「戦後」の人生を「罪」と処断した。二人の思想と文学を読み解き、生き方の同質性をあぶり出す力作評論。

懐かしき人々 《私の戦後》
巖浩　2400円

伝説の編集者として「日本読書新聞」の発行人を経て「伝統と現代」を発行。戦後の言論界を牽引した面々の思想を紙面に刻ませた。同時代史として貴重な記録

◆第60回熊日文学賞　NHKラジオ深夜便（8／7）で紹介

戦地巡歴 《わが祖父の声を聴く》
井上佳子　2200円

どこにでもある家族の戦争と戦後を忘れないために——戦地で散った兵士たちの記憶をたどり、当時を知る中国人の声も直接取材した労作。

昭和の貌 《あの頃》を撮る
麦島勝　2200円

「あの頃」の記憶を記録した335点の写真は語る。昭和二〇～三〇年代を活写した写真群の中に平成が失った〈何か〉がある。

超高齢社会の乗り越え方

遺された預言とは何か。「沖宮」「春の海」「椿の海の記」「十六夜橋」の世界を解読する充実の一冊。

◆渡辺京二の本◆

もうひとつのこの世
《石牟礼道子の宇宙》

渡辺京二

石牟礼文学の豊かさときわだつ特異性。その世界を独自の視点で解きあかす。【3刷】２２００円

死民と日常
私の水俣病闘争

渡辺京二　著者初の水俣病闘争論集。市民運動とは一線を画した〈闘争〉の本質を語る注目の一冊。２３００円

◆石牟礼道子の本◆

石牟道子全歌集 海と空のあいだに

解説・前山光則　一九四三～二〇一五年に詠まれた未発表短歌を含む六七〇余首を集成。２６００円

石牟道子〈句・画〉集 色のない虹

解説・岩岡中正　未発表を含む52句。句作とほぼ同じときに描いた15点の絵（水彩画と鉛筆画）も収録。１９００円

ここすぎて水の径

石牟礼道子　66歳から74歳の円熟期に書かれたエッセイ。思想と行動の源流へと誘う珠玉の47篇。２４００円

安立清史　「高齢社会」を悲観する考え方から脱するにはどうすればよいのか。介護福祉制度が行きづまる社会の中で私たちにできることは何か。１８００円

〈水俣病〉Y氏裁決放置事件資料集
メチル水銀中毒事件における救済の再考にむけて

有馬澄雄責任編集　ひとりの男性が一九七四年の水俣病認定申請後、認定されるまでの環境庁と熊本県のやり取りを示す内部資料１９０点余をすべて収録。３０００円

勝海舟から始まる近代日本

浦辺登　明治の近代国家体制へと舵をきっていく時代。三人の人物＝勝海舟、西郷隆盛、横井小楠を起点にした人物相関図を軸に、現代までを読み解く。２０００円

◎FUKUOKA Uブックレット◎

⑱ 北欧諸国はなぜ幸福なのか

鈴木賢志　幸福度の高い北欧を見つめ、日本を考える。６８０円

⑰ ボクシング史料が語るアジア

乗松優　ボクシングから、戦後のアジアを語り直す。８００円

⑯ 映画にみる韓国と日本《リメイク作品から考える比較文化論》

「鍵泥棒のメソッド」「リトル・フォレスト」等を比較。６８０円

⑧ よみがえる夢野久作《『東京人の堕落時代』を読む》

四方田犬彦　天才芸術家は作品を通して未来を予測する　６８０円

近代化遺産シリーズ

産業遺産巡礼《日本編》

市原猛志　全国津々浦々20年におよぶ調査の中から、選りすぐりの212か所を掲載。写真600点以上。その遺産はなぜそこにあるのか。

2200円

九州遺産《近現代遺産編101》

砂田光紀

世界遺産「明治日本の産業革命遺産」の九州内の主要な遺産群を収録。八幡製鐵所、三池炭鉱、集成館、軍艦島、三菱長崎造船所など101施設を紹介。

【好評9刷】2000円

筑豊の近代化遺産

筑豊近代遺産研究会　筑豊全域の石炭産業が生み出した有形・無形の文化遺産群を集成。近代化を地底から支えた筑豊の今を伝える。

【2刷】2200円

日本の石炭産業遺産

徳永博文　全国各地に保存あるいは放置された石炭関連産業施設のほぼすべてを調査。写真350点とルポからみえてくる〈石炭〉の未来。

2200円

日本の鉱山を巡る《人と近代化遺産》上 下

園部利彦　全国27か所の鉱山を踏査。各鉱山の人物・歴史・見どころを現地調査と膨大な資料からまとめた労作。

上巻【2刷】2000円／下巻3000円

◆自費出版承ります

歴史書、画文集、句歌集、詩集、随筆集など様々な分野の本作りを行っています。ぜひお気軽にご連絡ください。

☎092-726-9885
e-mail books@genshobo.com

旅の本

米旅・麺旅のベトナム

木村聡　フランスの植民地、ベトナム戦争の経験さえも取り入れながら育まれた豊かな米食文化の国「ベトナム」を30年以上にわたって取材し続けた写真家による写真記録集。

1800円

【第61回熊日文学賞】

ていねいに生きて行くんだ《本のある生活》

前山光則　小さな旅のエッセイ70本。島尾敏雄、石牟礼道子両氏と生前にも交流があり、特に奄美大島や水俣がもつ独特な風土と彼らをめぐる人々との交流を描いた。

2000円

近刊

＊タイトルは刊行時に変わることがあります

水俣・メチル水銀中毒事件研究2020　水俣病研究会【6月刊】

維新の残り火・近代の原景　山城　滋【6月刊】

外来食文化考　八百啓介編著【7月刊】

白い瑞鳥記　写真・文／大田眞也【7月刊】

橋川文三・野戦攻城の思想　宮嶋繁明【8月刊】

帝国主義の始まり――東インド会社

オランダ人は長崎出島のことを「極東の牢獄」と揶揄した。隔離され、監視の目に晒されるという屈辱に耐えなければならなかったからだが、自由貿易を保証した徳川家康の朱印状が反古にされたことを皮肉る意味もあった。しかしながら、欧州諸国を排除し対日貿易の独占という当初の目的は達成されたのである。そのオランダがアジアで活発な交易を開始するのは一六〇二年（慶長七）の連合東インド会社、通称ＶＯＣ（Vereenigde Oost-Indische Compagnie）の設立からである。この連合東インド会社は資本金六五〇万ギルダー、世界初の株式会社である。ＶＯＣを会社商標とするオランダ東インド会社はアジア産出の胡椒やスパイスの輸出によって利益をあげていた。一六二〇年（元和六）、東インド会社の取引額の七五パーセントは胡椒とスパイスで占められていた。一六〇五年（慶長十）、オランダはアンボン島（現在のインドネシアのセラウェシ島とニューギニアの中間点）に要塞を構えていたポルトガルを駆逐した。さらに、一六二三年（元和九）にはアンボン事件をでっちあげ、ここに拠点を設けていたイギリスをも追い出してしまった。すべて、利幅の大きい胡椒とスパイスの独占を図るためだった。

オランダ人がインドネシアに進出した一六〇〇年代、ヨーロッパへの輸出品は胡椒やスパイスが主だった。しかしながら、一六七〇年（寛文十）には胡椒やスパイスの比率は四一パーセントに下がり、一七〇〇年（元禄十三）には二三パーセントにまで下落している。これに反してキャラコの割合が高まり、一六七〇年には三六パーセント、一七〇〇年には五五パーセントと、ヨーロッパへの輸出は織物（キャラコ）で占められるようになった。キャラコとはポルトガル人が「カリカット（インドの地名）製の布」と呼ぶ木綿だった。一六〇〇年頃のヨーロッパ人はキャラコという木綿布地の存在を知らなかった。このキャラコはリンネル（麻）に比べて価格が三分の一という安さに加え、吸湿性、加工性に優れていたためヨーロッパで爆発的な人気を博した。「キャラコのために大きくて未開拓なヨーロッパ市場を開いた」とまでいわれるほど、キャラコはヨーロッパ市場を席巻していった。

もともとイギリスは毛織物の産地だったが、ここでもキャラコ人気が高まり、一七〇〇年（元禄十三）にはキャラコ禁止法までが出されるほどだった。このキャラコ禁止法は毛や絹の織物業者の保護、支払い代金である銀地金のイギリスからの流出を防ぐ意味があった。

この時代、ヨーロッパからアジアへ輸出された物品

・毛織物　・珊瑚　・銅　・鉄　・象牙　・鉛　・水銀　・錫

アジアからヨーロッパに輸出された産品

・陶磁器　・コーヒー　・インド藍　・胡椒　・明礬　・原絹　・ピング茶（中国産緑茶）

・ヘイスン茶（中国産緑茶）　・シングロ茶（中国産緑茶）　・ペコー茶　・スーチオン茶

・コングー茶　・ボヘア茶　・砂糖

ヨーロッパからアジアへ輸出された商品は原材料が多いが、アジアからは嗜好品であるお茶やコーヒー、砂糖、喫茶に使う陶磁器類が多く輸出されている。このなかで砂糖については、一八世紀頃、西インド諸島で砂糖のプランテーションが開発されたことでヨーロッパでの砂糖消費量を増大させることになった。西インド諸島での砂糖栽培ではアフリカの黒人奴隷が多数送り込まれたが、さらに南アメリカでのプランテーション開発が拡大したことからアフリカでの奴隷狩りに拍車がかかった。アフリカの黒人奴隷の売り買いをアシェント貿易というが、オランダはこの元手ゼロの貿易によっても莫大な利益を生み出していった。

この当時のヨーロッパ諸国は商品の二国間取引の仲介、運送、敵対国からの掠奪、黒人奴隷の売買によって国益を満たしていた。インドネシア（蘭領東インド）はオランダ人から「女王の首を飾るエメラルド」と呼称されたが、上は王族から下は庶民に至るまでヨーロッパは国家国民総ぐるみでアジア、アフリカの富を掠奪していたのである。

イギリスの「茶」から始まった植民地主義

一八世紀、イギリスではキャラコとともに茶が人気を博した。一六六二年（寛文二）、イギリス国王チャールズ二世にポルトガル王女のキャサリンが嫁いだことが発端になっている。キャサリンが茶と喫茶の風習をロンドンの上流階級に紹介したのである。さらに、一六八八年（元禄元）、オランダのウィレム三世とその妻メアリーが喫茶の風習を宮廷と上流階級に広めたことでヨーロッパでは茶を楽しむ人々が増えていった。

当初、この茶はオランダ東インド会社からイギリスに入っていた。一六六四年にはわずか二ポンド二オンス（約九六四グラム）の輸出量だったものが、一六六六年には二ポンド一二オンス（約一・三キロ）、一六六九年には二二二ポンド（約一〇〇キロ）と輸出量が増えていった。

その後のイギリス側での輸入量の推移を見てみると、

一六六九年　三万八〇〇〇ポンド（約一七トン）
一七〇一年　一〇万ポンド（約四五トン）
一七五〇年　三七三万ポンド（約一七〇〇トン）

八〇年間に一〇〇倍という驚異的な茶の輸入量をみることになった。ヨーロッパ全体での茶の年間消費量は一三〇〇万ポンドにまで膨れ上がったが、輸入関税の上昇にともない密輸も増加していった。その内訳は正規輸入分が五五〇〇万ポンド、残り七五〇〇万ポンドは密輸といわれており、実際にどれほどの茶が消費されたのか推し量ることもできない。

ヨーロッパにおける茶の輸入量の増加は、西インド諸島における砂糖生産が順調に進んだことにあった。紅茶に砂糖を入れて飲むことで茶の消費量が拡大し、特にイギリスでその傾向が強かった。当初、オランダから買っていた茶だが、この輸入をイギリス東インド会社が見逃すはずもなく、中国茶の直接買い付けに動いたのである。
このイギリスの動きを年代別に見てみると、

一六九七年　イギリス船が中国のアモイに入る
一六九九年　一万三千ポンドがロンドンに入る
一七〇四年　イギリス船が中国の広東に入る
一七一七年　イギリス東インド会社が中国茶の定期積み出しを始める。

この喫茶の風習は茶を楽しむための陶磁器類の需要をも高め、特に中国産の景徳鎮《けいとくちん》がヨーロッパで好まれていた。ところが、明と清の戦乱によって中国産陶磁器の入手が困難になり、日本の肥前有田焼が輸出されるようになった。オランダ船の船長、船員が懸命に脇荷、抜け荷に励んだのがこの有田の陶磁器類だった。この有田焼は大陸での戦乱が治まってもヨーロッパでの需要は高く、芸術的色彩、精巧さが大いに評価された。後に肥前の有田焼などはオランダのデルフト、ドイツのマイセンに強い影響を及ぼした。
ヨーロッパ、特にイギリスでの茶の人気が高まる反面、イギリスは茶の購入代金支払いに苦慮した。このため、イギリス東インド会社はインドでの塩、アヘンの独占と販売を一手に握り、清国（中国）からの茶の購入代金に充てていた。

博多聖福寺勅使門　栄西禅師によって日本初の禅堂が開かれ「茶」がもたらされた

一七八四年以降、イギリス東インド会社は清国へのアヘン密輸を増加させていった。このアヘンの密輸だが、一七五七年のプラッシーの戦いにイギリスが勝利したことが大きい。プラッシーの戦いとはイギリスとインドの土着勢力（太守）間の戦争にイギリスとフランスが代理戦争として関わったものである。代理戦争とはいえイギリスが勝利し、ムガール皇帝からベンガル、ビハール、オリッサの徴税権がイギリス東インド会社に与えられた。この徴税権という領土支配にイギリス東インド会社が関わったことで塩の専売、アヘンの強制栽培を拡大させることができるようになった。さらに、四一〇カラット（八二グラム）もの原石が発見されるダイヤモンド鉱山の開発にも成功し、一度に二万四〇〇〇ポンド分のダイヤモンドがイギリスに運ばれるなど、インドに関わるイギリス東インド会社は収益を上げ続けることが可能となった。とりわけ、アヘンの清国への密輸が茶の支払い代金に充当されたが、イギリス東インド会社の収益の一二パーセントはアヘンによるものだった。

セポイの反乱

ムガール帝国の太守間の代理戦争とはいえ、プラッシーの戦いはイギリスの領土支配、インド侵略の口火を切る引き金であった。イギリス東インド会社はベンガル地方の領有と支配を行なうにあたって現地傭兵によって治安、徴税を維持していった。この傭兵はカースト制度が定着しているインドでは比較的身分の高いイスラム教徒、ヒンドゥー教徒によって編成されていた。このインド人傭兵のことを「セポイ」と呼ぶが、イギリス政府とは関係のない、イギリス東インド会社が採用した私兵である。このセポイと呼ばれる私兵は身分的に高いだけではなく、規律正しく、能力においても優れていたため、傭兵として高い実績をあげていった。イギリス東インド会社はイギリス人士官を採用し、セポイの下士官と兵を統卒させていた。要はイギリス人管理職がインドの高い身分の者に従来通り身分の低い者を支配させただけのことだった。そこにイギリスの近代兵器がセポイに支給され、より強制力が強まっていった。

イギリス東インド会社は中国のお茶、インドのキャラコ（綿）をイギリスに輸出することで収益を上げていた。しかしながら、イギリス本国は産業革命によって機械化が進み、一七七九年にはミュールの紡績機によってインドの綿織物よりも安い機械織りの綿を製造することができるようになった。このことで、従来、安価な綿布生産地であったインドが逆に安いイギリス綿布を輸入することになり、イギリス東インド会社は収益が悪化していった。さらに、他のイギリス人商人のアジア市場参入によりイギリス東インド会社はさらなる収益拡大を求めてセポイを使っての植民地獲得に動き出した。

セポイはアフガニスタンやビルマへの遠征にも駆り出されるようになり、インド人たちは異なる地域への遠征に不安と不満を抱いていた。そのセポイに対し、イギリス東インド会社は遠征を承諾しない者は雇用を打ち切ると表明したことから、セポイの不満は高まっていった。そのセポイたちの不満が爆発したのは、意外にもセポイに支給したイギリス製のエンフィールド銃だった。エンフィールド銃は薬莢を使用する銃だったが、防湿と潤滑のために紙製の薬莢にはイスラム教徒やヒンドゥー教徒が忌み嫌う豚脂や牛脂が塗り込まれていた。銃の先端口から薬莢を詰め込む際、銃口に合わせて紙の薬莢を噛まなければならないが、イスラム教徒やヒンドゥー教徒のセポイにとってシキタリを破ることになる。このことは宗教的に穢れるだけでなく、カースト制度の高い身分から獣と同じ下層身分に転落することを意味していた。

セポイの反乱は一八五七年（安政四）五月から一八五九年（安政六）七月までの二年間にわたって続いた。この間、セポイはムガール帝国皇帝バハードゥル・シャー二世を擁立し、イギリスに代わり皇帝によるインド統治を希望した。しかしながら、部族間の対立、イスラムとヒンドゥーの対立、イギリス東インド会社への寝返りなどでセポイの統一は阻まれた。このセポイの反乱に対しイギリス政府は近代装備のイギリス軍を大量投入し、植民地インドの治安回復に成功した。しかし、イギリス東インド会社は植民地統治の経営責任を問われて解散させられ、インドはイギリス政府が統括することになった。一八七七年（明治十）、インドは大英帝国に組みこまれ、ヴィクトリア女王は「インド女帝」として君臨することになった。

一八六九年（明治二）スエズ運河が開通し、イギリスとインドはますます近くなった。産業革命により近代化が進み、帆船から汽船、木造船から鋼鉄船となることで大量に早く物資や人の移動が可能となった。このことでイギリスはインドを拠点にアジア各地の植民地獲得を加速させていった。

「茶」と奴隷貿易とアヘン密輸

イギリス東インド会社はインド人傭兵部隊のセポイをアフガニスタン、ビルマなどアジア、中東各地の紛争へと遠征させていった。その局地戦において歴史に名を残すのは清国とのアヘン戦争である。一八四〇年（天保十一）、日本では将軍徳川家慶と老中首座水野忠邦が国内経済の立て直しを図っているときだが、清国の敗戦がもたらされたのは長崎に入港した唐船によってである。歴史教科書で知るアヘン戦争の概略は「清国官憲によってイギリスのアヘンが焼き捨てられ、それに抗議するとともに清国の変則的貿易形態を打破するためにイギリスが戦争に持ち込んだ」とある。字面だけをみれば、清国が一方的にイギリスの商品を焼き捨て、その反発からイギリスと戦争になったと思ってしまう。しかしながら、イギリスは清国で禁制のアヘンを密輸し、そのアヘンを清国が焼却したことに不満を表明して軍を差し向けたのである。

清国は当初、イギリス東インド会社に茶を輸出していた。清国にとってイギリスから買い上げる商品は何もなく、茶の代金として清国は銀を受け取っていた。イギリスは銀の備蓄が無くなり茶葉の購入にも苦慮することになる。イギリス本国の産業革命によってイギリス綿布がインドに流入し、イギリス東インド会社は収益をあげることに苦慮し、ベンガル地方で栽培していたアヘンを清国に密輸するようになった。アヘンは本来、マラリアの鎮痛剤や気鬱の特効薬として利用され、漢方薬の一覧書である『本草綱目』にも記載される薬草だった。ただし、快楽を得られることから、中毒性の強い薬物でもあった。

イギリス東インド会社や他のイギリス商人たちは清国において禁制品であることを知りつつ、アヘンの密輸を行なっていた。清国は一七二九年、一七八〇年にアヘンの禁令を出し、一七九九年にはアヘンの元となるケシの栽培までも禁止した。密輸品のためにアヘンの全ての取引量は不明だが、残っている記録ではアヘンが大量に清国へ持ち込まれたことがわかる。

一八一七年	三、六九八箱	四、〇八四、〇〇〇	メキシコ・ドル
一八二一年	四、七七〇箱	八、四〇〇、八〇〇	メキシコ・ドル

一八二五年　九、〇六六箱　七、九二七、五〇〇　メキシコ・ドル
一八二九年　一四、三八八箱　一三、七四九、〇〇〇　メキシコ・ドル
一八三三年　二一、六五九箱　一四、二二二、三〇〇　メキシコ・ドル
一八三八年　二八、三〇七箱　一九、八一四、八〇〇　メキシコ・ドル
（メキシコ・ドルは中南米を中心に流通していた八レアル銀貨であり、アメリカでは一ドル銀貨として通用していた。また、メキシコの宗主国であるスペインを冠してスペイン・ドルとも呼ばれる）

この記録以外にも、ポルトガル船による密輸もあるが、アメリカ船がイギリスやポルトガルの商社に販売したものまで含めると、実際はさらに三割ほど多かったといわれている。

アヘンの一箱は一三三・三分の一ポンド（一〇〇斤、六〇キロ相当）の重さで、ソフトボール大のものが四〇個入っていた。一八四〇年（天保十一）のアヘン戦争時、清国の官僚である林《りん》則除《そくじょ》が押収したアヘンは一四二五トンといわれている。箱換算で二万三七五〇箱にもなり、清国で消費されるほぼ一年分のアヘンに相当する。清国通貨に換算すると約一〇五〇万両になり、当時の清国の国家予算が四〇〇〇万両であったことからすると、驚くべき量、金額のアヘンが流入していた。さらに、清国の輸出品である茶葉だが、年間二〇〇〇万メキシコ・ドル（スペイン・ドル）に相当するが、一八三八年のアヘン輸入代金に匹敵するものだった。これは記録として分かっているものだけであり、女王陛下の大英帝国がどれほどのアヘンを密輸していた

かがわかる。

禁制品のアヘンを密輸したことから起きたイギリスと清国の戦争は、一八四二年に南京条約を締結して終結した。近代兵器を擁するイギリスの一方的な侵略戦争だったが、清国は香港を割譲させられ、さらに五つの港を開港させられた。アヘンの大量流入は翻って清国の銀の大量流出につながり、庶民の生活は苦しくなるばかりだった。一八五〇年から一八六四年まで続いた太平天国の乱は清朝の政治刷新を求める反乱であったが、一八五六年、イギリスはこの混乱に乗じてアロー号事件（第二次アヘン戦争）をでっちあげ、英仏連合軍でさらに清国を侵略していった。一八六〇年、北京条約締結をもってアロー号事件（第二次アヘン戦争）は終了したが、この時のイギリス側代表はハリー・パークス（広州領事）だった。後にハリー・パークスはイギリス公使として来日したが、対日交渉がどれほど威圧的であったかは想像に難くない。

イギリスが清国に密輸したアヘンはイギリス本国にも持ち込まれていた。産業革命によって都市に集められた労働者は低賃金からビールやウィスキーを買う余裕が無かった。そこで、低価格で快楽を得られるアヘンに手を出していたが、このため、マンチェスターはアヘン中毒者の町となっていた。オランダ東インド会社もジャワ人をアヘン中毒者にしてインドネシアを侵略していったが、オランダ人自身がアヘンを吸引すると衆人環視のなかで処刑を行なった。アヘン中毒者を大砲で撃ち殺すという残酷なものだったが、アヘンがどれほど危険であるかを知らせるためだった。

フランス革命の余波

長崎出島のオランダ商館は、もともとポルトガル商館があったところだった。ポルトガルが旧教（カトリック）ということで日本から追放され、代わりにオランダ商館が平戸から移された。「島原の乱」鎮圧にあたってポルトガルはオランダのように鎮圧に協力することをしなかった。そこからポルトガルはキリシタンに協力的と判断され、追放された。

正保四年（一六四七）、その追放されたポルトガル船が再度の交易を求めて長崎に来航した。いわゆる「長崎黒船来航事件」である。この事件によって幕府は佐賀藩、福岡藩に隔年で長崎港警備を命じている。長崎港警備には膨大な費用を要することから江戸と領地とを往復する参勤交代は江戸滞在を一〇〇日に免ずる処置（百日大名）がとられた。平時における長崎港警備はオランダの先進技術、文化、交易による財政の恩沢にあずかるが、ポルトガル船の来航以外、さしたる有事は発生しなかった。ヨーロッパ諸国も極東の日本はオランダの独占交易国と認識していた節がある。

文化元年（一八〇四）九月六日、ロシアのレザノフ使節一行が長崎に来航した。これは寛政四年（一七九二）にロシアのラクスマン（Adam Kirilovich Laksman）が漂流民であった大黒屋光太夫を連れて根室へ来航したのが発端だった。このとき、老中の松平定信が諸外国との交渉ごとは長崎に限定しているとしてラクスマンに信牌（入港許可証）を与えたことからロシアが使節としてレザノフを送り込んできたのだった。ラクスマンを体よく追い返したと思っていた幕府だったが、ロシアは本当に長崎に来航してきた。幕府は右往左往するばかりで、結局、レザノフ使節一行はおよそ四ヶ月間も長崎に待たされ、何の成果も得られず憤慨して帰国していった。

このレザノフ一行が帰国の途について後、文化五年（一八〇八）十月に一隻のオランダ船が長崎にやってきた。この当時、オランダ国旗を掲げたアメリカ船籍の雇船が来航していたことから、長崎港警備の人々は雇船のオランダ船と思っていた。しかしながら、その船はオランダ船に偽装したイギリス船だった。後に長崎港警備の有事に発展したフェートン号事件だが、出島のオランダ商館員を人質にとるなど、日本側の警備の隙をついた事件だった。一七八九年（寛政元）、ヨーロッパではフランスに端を発した革命（フランス革命）の余波が広がっていった。王政と旧体制（封建制）に反対する革命は隣国オランダにも影響し、親英派のオランダ王室のオラニエ公、ウィレム五世はイギリスへと亡命していった。その後、親仏派によってオランダ共和国はバターフ共和国と国名を変えたが、このバターフ共和国は親蘭派のイギリスと戦闘状態に入った。イギリスに亡命したオランダ王室は海外のオランダ領土などをイギリスの支配下に組みこむことを承諾してしまった。一七九九年（寛政十一）、オランダ東インド会社は収益の悪化から解散していたが、交易業務は後継のバターフ共和国が業務を引き継いでいた。当然、長崎出島もバターフ共和国の管括下にあったが、親蘭派のイギリスは長崎出島のオランダ船（バターフ共和国）の拿捕に来航したのだった。フェートン号は長崎港内を探索し、水、食料と交換に人質のオランダ商館員を解放して立ち去っていった。

　フェートン号の長崎港侵入事件以来、オランダ商館のある出島は有事体制となった。このフェートン号事件から長崎の町年寄である高島《たかしま》四郎兵衛《しろべえ》は海防の必要性を強く意識するようになった。自ら出島の台場築造を引き受け、諸外国の艦船侵入に備えるほどだった。町年寄が台場築造に関わるとは意外な感じがするが、長崎の町年寄はオランダ、唐船との交易管理のみならず、治安維持にまで関与していたのである。四郎兵衛は海防に尽力すると同時に坂本孫之進の新荻野流（天山流）砲術に入門し、文化七年（一八一〇）には新荻野流（天山流）砲術師範にまでなっている。町年寄の四郎兵衛が砲術まで学ぶ背景には、イギリスが引き続き長崎出島の商館乗っ取りを企てているとの情報を掴んでいたからである。四郎兵衛が学んだ砲術だが、火縄式銃砲も含まれ、関流、長谷川流、岸和田流、荻野流などこの当時、日本には約三〇の流派があった。

　四郎兵衛は日本の砲術師範にまでなったが、海防力増強のためには威力の高い西洋砲術が必要とにらんでいた。しかし、ヨーロッパの革命によってオランダ船が来航せず、最新の砲術技術や武器類の入手が困難な状態だった。それでも、文政六年（一八二三）、転機が訪れた。出島商館長にストゥルレルが着任してきたのである。ストゥルレルはナポレオン戦争にも従軍経験のある陸軍大佐だった。早速、四郎兵衛は町年寄という立場を利用して蘭書を集め、破裂弾、榴弾、照明弾、焼夷弾というヨーロッパ最新兵器を収集している。文化六年（一八〇九）には出島に四～五ポンド（弾丸重量一・八キロから二・三キロ）の洋式大砲を輸入して据え付け、文政三年（一八二〇）には長崎地役人（町年寄など）による「兎狩り」と称しての西洋砲術の訓練を行なうまでになっていた。一介の町年寄が西洋の最新武器を購入できる背景には、長崎の町寄たちによる支援だったが、さほど長崎貿易は潤沢な利益を生み出していた。

アヘン戦争の余波

　幕末、長崎港にロシアやイギリスの船が来航するだけではなく、日本の周辺海域にも多くの艦船の姿があった。日本古来の銃砲の流派も海防意識の高まりから四〇〇流派ほどに拡大していった。それは流派の師に入門し射撃技術を継承することだったが、銃砲流派の拡張は武士とは異なる新たな武芸者集団の増大を招いた。その新たに勃興した銃砲流派が脅威に感じていたのが高島流西洋砲術だった。天保十一年（一八四〇）、アヘン戦争で清国がイギリスに負けたとの報せが長崎にもたらされた。これを受けて高島四郎兵衛の息子である高島《たかしま》秋帆《しゅうはん》が洋式砲の採用を幕府に申請した。このことから、天保十二年（一八四一）五月、幕府の要請で高島秋帆は武蔵徳丸ヶ原（現在の東京都板橋区高島平）で砲術演習を公開した。その試射の結果は幕府を大いに満足させるものだった。

　高島秋帆は長崎の町年寄高島《たかしま》四郎兵衛《しろべえ》の三男として寛政十年（一七九八）に生まれた。四郎兵衛は秋帆に新荻野流（天山流）砲術を伝えたが、秋帆はこの砲術に数学、弾道論、天文学を

幕末の青銅砲各種　(板橋区立郷土資料館)

モルチール砲のレプリカ　青銅製で重量は二五〇キロある（板橋区立郷土資料館）

青銅砲の砲口　装条が施されているのがわかる（板橋区立郷土資料館）

加えて高島流西洋砲術として完成させた。オランダがもたらした科学を秋帆が学ぶことができたのは、出島出入り自由の町年寄四郎兵衛の力が大きい。さらに、オランダ通詞の志築忠雄《しづきただお》とその弟子たちがオランダ語で書かれた科学書を翻訳し、理解していたからである。銃砲、特に大砲は弾丸を発射する角度、弾丸の重さ、火薬の量によって着弾距離が変わってくる。火薬と弾丸を詰め発射するだけなら簡単だが、大砲の命中率を高めるには弾道計算式を確立しておかなければならなかった。

武蔵徳丸ヶ原での演習以前、長崎港警備を受け持つ佐賀藩は高島流西洋砲術に注目し、高島親子を佐賀藩へと招いた。天保六年（一八三五）、高島親子は佐賀藩でモルチール砲（臼砲）の製造に着手、国産化に成功している。幕末、倒幕戦争で佐賀藩がアームストロング砲を所有し、駆使できたのも、高島流西洋砲術によって製造技術と理論が進んでいたからである。肥後藩、薩摩藩も高島流西洋砲術に入門し、西南雄藩では高島流西洋砲術を導入、訓練するところが多かった。とりわけ、肥後藩の池辺啓太は志筑の弟子末次忠助に入門し『求力論』『火器発砲法』『暦象新書』『日食絵算』を学び、高島流西洋砲術の技術、理論を習得していた。

高島流西洋砲術は幕府にその技術の高さを認められたが、逆に秋帆は牢に放り込まれてしまった。高額な西洋銃砲を大量に所持していることを「抜け荷（密貿易）」をしているとして幕臣の鳥居耀三によって告発されたのである。もともと鳥居は蘭学嫌いで有名だったが、背景には旧来の技術を伝承する武芸者たちの妬みも潜んでいた。武家に抱えられることで禄を食んでいた武芸者にすれば、高島の西洋砲術は既得権益を侵害する一門だったのである。高島の銃砲研究は幕府転覆の疑いも加わり、幕府保守派によって高島秋帆一門は弾圧された。

秋帆は天保三年（一八三二）に青銅製のモルチール砲（臼砲）を入手し、天保六年（一八三五）には模造品を製作して佐賀武雄藩に売却するほどになっていた。秋帆は長崎地役人という立場を利用し、天保六年（一八三五）に一六ポンド用ボム弾ないしグレナード弾の粘土製鋳型を入手し、天保七年（一八三六）には工具の旋盤（boorbank）までをも注文していた。さらに、大砲、銃砲の弾道計算のためのオランダ書籍を大量に入手し、医学、自然科学などあらゆる分野に及んでいた。その秋帆も嘉永六年（一八五三）、弟子の江川太郎左衛門（伊豆韮山代官）の嘆願で釈放されることになったが、牢内での生活は一三年にも及んだ。牢から出された後は幕府の依頼で海防に従事するが、今も東京湾に残る台場は高島秋帆、江川太郎左衛門による名残である。

ある日、高島秋帆の墓が東京文京区の大圓寺にあることを知って参拝した。都営地下鉄三田線「白山駅」に程近く、学校やビルに隣接した曹洞宗の寺だった。秋帆の墓は東京都の史跡に指定され、墓地の一番奥にあったが、背後は民家の軒先に接しているところが都会の墓地らしかった。その墓参を済ませ、再び三田線で「高島平駅」を目指した。高島平とは、高島秋帆が銃砲、大砲の試射を行なったことにちなんで付けられた地名だが、今では東京郊外の住宅地となっている。現在の高島平駅から新高島平駅の間が試射の場所だったというが、実際に歩いて

高島秋帆が本陣を置いた松月院　この寺の墓所には『次郎物語』の作者下村湖人も眠っている

松月院境内の記念碑　高島秋帆が国防に貢献したとしての顕彰碑

東京文京区大圓寺の高島秋帆の墓　史跡に指定されているが
墓地の奥にあるためか背後には民家が迫っている

東京板橋区徳丸ヶ原公園　都営地下鉄三田線高島駅近くにあり、
高島という地名は高島秋帆にちなんで付けられた

みるとどこまでも平坦な土地で試射に適した土地だった。

さらに、秋帆が本陣として使用した曹洞宗松月院まで歩いたが、高島平駅から続く緩やかな坂道の途中にあった。今では戸建住宅や高層マンションが林立して遮蔽されているが、小高い丘になった場所から試射の様子を一望できたのではと思う。いずれにしても、長崎という限られた場所にいながら、イギリスやオランダ、フランスなどヨーロッパ諸国が国益を求めてアジアを侵略していることを知り、そこから海防を強化していった高島親子の先見には驚くばかりだった。

徳丸ヶ原公園の記念碑　この近辺一帯で高島秋帆が大砲の試射をしたことを記しているが、多くの人はその存在に気付かない

第五章　インドネシア独立戦争

欧米諸国のアジア進出と外圧によって日本は開国に転じた。名目は和親条約でも実際は武力を背景にした日本市場の獲得であり、治外法権、関税自主権もない植民地支配に準じた外交だった。欧米流の資本主義制度を整えることで欧米列強に対抗しようと試みるが、庶民は最貧の中にあり、生き延びる道を模索していた。海外への出稼ぎ、移住もその結果だが、インドネシアも渡海先のひとつだった。しかしながら、そこは植民地としてオランダ人による搾取、愚民化、奴隷化によって人々は支配され、国家間の条約を締結した日本人といえども、現地民と同じ扱いだった。日本の敗戦後、インドネシア人とともにオランダとの独立戦争を戦う日本人が存在したが、欧米によるアジア支配は過酷だった。

この章では、公平な富の分配、抑圧され続けるアジアの解放を日本が欧米に求めたものの、やむなく戦争に突入しなければならなかった状況を述べる。

青松寺のスカルノ碑

東京港区愛宕に青松寺《せいしょうじ》というお寺がある。芝青松寺とも呼ばれるが、正式には萬年山《ばんねんざん》青松寺といい、高輪の泉岳寺《せんがくじ》、橋場の総泉寺《そうせんじ》とともに曹洞宗江戸三ヶ寺のひとつといわれていた。文明八年（一四七六）、足利義政の時代に江戸城を築城した太田道灌《おおたどうかん》によって開基され、徳川家康の時代に麹町から愛宕山下に移された。青松寺のある愛宕山近辺は再開発が盛んだが、訪れた時、公園のような佇まいに拍子抜けしてしまった。歴史ある古刹という雰囲気を想像していただけに、高層ビル、高層マンションに囲まれ、コンクリート造りの山門、本堂、僧堂を目にして言葉を失った。とは言うものの、都内の神社仏閣の多くは江戸の大火や大正十二年（一九二三）の関東大震災で焼失崩壊しており、この変貌も致し方ない。

この青松寺だが、かつては肉弾三勇士（爆弾三勇士とも）の像があったことで有名だった。昭和七年（一九三二）、上海で日本陸軍と第十九路軍が軍事衝突を起こしたが、その戦いの最中、点火された爆薬を抱いて三人の工兵が廟行鎮《びょうこうちん》の防御線を突破した。江下武二《えしたたけじ》、北川丞《きたがわすすむ》、作江伊之助《さくえいのすけ》という工兵第十八大隊所属の一等兵による特攻である。この三人の雄姿を称え原隊のある福岡県久留米市に三人を顕彰する銅像が設けられたが、この青松寺にも二・四メートルの基礎台座に二メートルの銅像が建立された。昭和九年（一九三四）二月二十二日、二〇〇〇人の参会者を招いて盛大な除幕式が行われたが、敗戦後、その肉弾三勇士の像はバラバラに分断され、行方は分からないという。わずかに江下伍長（三人は二階級特進で一等兵から下士官に昇進）の像

東京港区の青松寺山門　背後には慈恵医科大学の
ビルがそびえる

東京港区の青松寺山門

だけが境内にあると聞いている。

この青松寺を訪ねた本来の目的はインドネシア建国の父スカルノ大統領建立の顕彰碑を確認することにあった。山門を潜って本堂に向かい、まず本尊に向かって手を合わせる。庭園のように整備された境内だが、顕彰碑は本堂裏手の墓地にあるものと思って探してみた。墓地は檀家しか立ち入りができないが、数珠を手にしているため寺の誰にもとがめられない。小高い丘になった本堂裏手の墓地とその周辺をくまなく探しまわるが、どこにも顕彰碑らしきものは見当たらない。しかたなく、もと来た坂道を下って本堂右手の事務所で尋ねてみた。突然の闖入者に訝しげな視線を感じるが、黒の作務衣に身を包んだ若い僧が丁寧に場所を示してくれる。寺に隣接する精進料理「醍醐」の玄関脇左手にあるという。

示された通りに歩いて行くと、コンクリートの通路に面して顕彰碑があった。成人男子二人が隠れる程の一枚の自然石だが、正面上部に「故市来・吉住両君の記念碑」とある。その下部に「市来龍夫君と吉住留五郎君へ　独立は一民族のものならず全人類のものなり　一九五八年二月十五日　東京にて　スカルノ」とある。目を凝らすと、その下にインドネシア共和国用箋にスカルノ直筆を転写したと思しき文字が彫り込んである。カメラのシャッターを切り、裏面に廻り込もうとすると背後のフェンスが邪魔をする。フェンスぎりぎりに碑が立てられており、裏面に彫り込まれた文字にファインダーを合わせることができない。石碑の表は見ても裏まで見る無粋な奴はいないと思ってのことなのか。随分と不格好な姿で風化して読みとりにくい文字をノートに書き写しはじめたが、あまりに窮屈で概略を記すにとどめて諦めた。日本とインドネシアの絆ともいうべきスカルノ碑だが、その立ち位置を見て、まるで日本とインドネシアとの関係は体裁さえ整えておけば大丈夫という印象を受けた。

石碑に記されている市来龍夫《いちきたつお》は明治三十九年（一九〇六）熊本県に生まれた。旧制の鹿児島県立志布志中学に通っていたものの、不況で学業を諦め写真館の見習い店員となっている。昭和三年（一九二八）、インドネシア（蘭領東インド）に渡り、現地の写真館で働いていた。昭和十一年（一九三六）、類まれな語学力を買われて『日蘭商業新聞』の記者をしていたが、昭和十三年（一九三八）にオランダから再入国を拒否された。新聞記者をしながら独立を願う現地民族派を支援していたことから、オランダから危険人物とみられていた。市来は昭和十七年（一九四二）に日本軍のインドネシア侵攻に際し、陸軍第十六軍宣伝班員としてインドネシアに再上陸を果たした。市来はインドネシアへの再入国を拒否された後に帰国し、外務省、陸軍参謀本部の嘱託となった。愛国社の岩田愛之助の推薦を受け、興南学院南方語学校でインドネシア事情を講義していた。（愛国社とは岩田が主宰するアジア主義を標榜する結社である）市来は日本の敗戦後、関わりがあったジャワ郷土防衛義勇軍（通称ペタ）を独立義勇軍に編成してインドネシア独立戦争に参戦した。昭和二十四年（一九四九）一月九日、オランダ軍との戦闘中に戦死している。四二歳の若さだった。

もう一人の吉住留五郎《よしずみとめごろう》は明治四十四年（一九一一）山形県に生まれた。旧制鶴岡中学に入学

東京港区の青松寺　スカルノ碑の碑文

東京港区の青松寺　スカルノ碑

東京港区の青松寺　スカルノ碑　スカルノの手跡

するが、昭和七年（一九三二）にインドネシアに渡り、後に『日蘭商業新聞』の新聞記者となった。この新聞社時代に吉住は市来と知り合っているが、吉住は華僑に対する政治工作を行ったという疑いから逮捕され、昭和十六年（一九四一）一月、国外追放処分となった。帰国後、市来、吉住が所属していた『日蘭商業新聞』の同僚である金子啓蔵の紹介で愛国社の岩田愛之助のグループに加担することになる。さらに、この吉住に注目したのが外務省と海軍軍令部であり、ここで吉住は海軍の嘱託となった。吉住は開戦前、海軍特務機関の工作員としてインドネシアに潜入するがオランダ側に逮捕され、ここで家畜以下の扱いと拷問を受けている。交換船（敵地に残る交戦国同士の人間を相互に交換する特別船）で帰国するものの、海軍が軍政を敷くインドネシアに赴任した。日本の敗戦後、吉住はスカルノの独立宣言文を練り上げるなどしていたが、インドネシア独立戦争に身を投じ、昭和二十三年（一九四八）七月、山中にて病没した。三七歳の若さだったが、オランダによる過酷な拷問と収容所での生活が病状を悪化させた結果だった。

スカルノ大統領はこの市来、吉住両名を思い出しては声を詰まらせていたという。市来はアブドゥル・ラフマン、吉住はアリフという現地名を持つほどインドネシアに溶け込んでいた。スカルノにとって市来、吉住はインドネシア独立闘争を共に戦った戦友である。日本の敗戦後、インドネシア残留の日本兵がインドネシア独立戦争に参戦し、その多くが命を落とした。しかし、早い時期から民間人としてインドネシアに在住し、インドネシア独立戦争に参戦した市来、吉住という二人の存在は珍しい。

日本人のインドネシア進出

明治期、オランダの植民地であるインドネシア（蘭領東インド）に向けて「からゆきさん*（唐行きさん）」と呼ばれる女性たちが海を渡った。「からゆきさん」の多くは長崎県の島原、熊本県の天草地方の女性たちだった。この「からゆきさん」については映画『サンダカン八番娼館・望郷』によって存在が知られたが、貧しい家の娘たちが東南アジア各地の売春宿に売られていった話である。製糸工場で働く女工哀史『あゝ、野麦峠』とともに日本近代化の陰で涙を流した女性たちだった。日本の近代化には諸外国の文物を必要とし、その支払いのための外貨獲得のしわ寄せは下層社会にも及び、いわば、近代化の犠牲者とでもいうべき女性たちである。諸外国との間で交わされた条約は不平等条約と呼ばれ、関税自主権も領事裁判権もないものだった。開国後の日本ではダンピングに次ぐダンピングで商品を輸出し、外貨を稼ぐしかなかった。

＊「からゆきさん」は金で自身の肉体を売る女性であり、相手の国籍、人種、年齢は無関係。ときに、イギリス人やフランス人の現地妻として身請けされる女性がいるが、それは極めて少数。日本の女郎屋とシステムは全くかわらない。

安政元年（一八五四）、幕府はアメリカとの間に日米和親条約を締結した。いわゆるペリーの黒船外交によって締結した条約である。この和親条約は開国を求めていたロシアやイギリスとも交わされたが、安政五年（一八五八）、今度は自由貿易についての日米修好通商条約が締結された。この修好通商条約だが、従来の交易国であるオランダは安政二年（一八五六）に和親条約を結び、安政三年（一八五七）に副章（通商条約）を締結した。これは、独占であった対日貿易を自由貿易とする内容だった。これを受けてアメリカが日米修好通商条約の締結に入ろうとしたが、この条約にはアヘン貿易を正当化する条項が入っていたことから幕府側が懸念を示していた。清国のように、アヘンによって国家が侵略されることを幕府が知っていたからだった。

通商条約の詳細は永年にわたって対日貿易を独占してきたオランダが主導していたが、自由貿易の優先権を確保したいアメリカがアヘン貿易の条項を削除し、他国を出し抜く形で締結した。その一ヶ月ほど後、オランダは日本と修好通商条約を締結し、ロシア、イギリス、フランスがそれに続いた。この条約は修好通商とはいうものの、領事裁判権、関税自主権も無い欧米諸国の自由裁量、いわゆる不平等条約である。欧米各国はわずか二〇パーセントの関税で対日貿易ができると歓迎したが、主貿易品については五パーセントという低税率を設けるなどしていた。金と銀との国際的な交換比率も知らず、日本からは金が流出し、庶民の生活は逼迫するばかりだった。そこに、欧米諸国に追いつくための施設、教育体系を整えなければならず、明治政府は高額報酬の「お雇い外国人」を招いた。その報酬支払いのためにも財政基盤を確立しなければならなかったが、その一つが生糸の輸出だった。江戸初期、生糸を輸入していた日本が、逆に生糸の輸出に励むことになり、価格競争に対抗するため製糸工場の女工たちは低賃金、長時間労働を強いられていた。

東京港区愛宕の別院真福寺　幕末のオランダ、フランス、ロシア使節の宿泊跡だが、今では瀟洒なビルになっている

翻って「からゆきさん」だが、これは生活苦から家族のために女衒《ぜげん》に身を預けた女性たちである。「からゆきさん」たちは福岡県大牟田市から熊本県荒尾市にかけて開発された三池炭鉱の開発が影響している。三池炭鉱は潮の干満の差が激しい有明海に面しており、石炭の積み出しは小舟に積んで島原半島先端にある口之津港から海外に送り出された。この口之津港は長崎県島原、熊本県天草に近く、海外に向かう石炭運搬船の船倉に隠れて「からゆきさん」たちは密航していった。明治の初め、日本人の中には生活苦から婦女子を清国商人に売りさばく者がいたが、明治政府は人身売買を禁じていた。そのため、「からゆきさん」は密航するしか手段がなく、「からゆきさん」たちが大陸や東南アジア各地にど

れほどいたのか、正確にはわからない。唯一分かるのは、異郷の地で没した「からゆきさん」の朽ちた墓石とジャカルタに一二五人の日本人がおり、そのうち百人が「からゆきさん」だったという記録からしか知り得ない。

そして、この「からゆきさん」を相手に数千人の日本人薬売りがいて、スマトラ、マラヤで置き薬の商売をしていた。「からゆきさん」相手の薬売りが数千人もいたということは、現在のインドネシア、マレーシア、タイ、ベトナム、フィリッピン、上海、香港など、東南アジア全域に「からゆきさん」が多数存在していたということになる。近年、韓国から旧日本軍による組織的売春行為として慰安婦問題を糾弾されているが、この「からゆきさん」はその比ではない。自主的、強制的の違いはあれど、実態としては同じことである。この「からゆきさん」相手の薬売りたちは次第に現地民にも薬を商い、簡単な医療行為も施すようになっていった。二〇世紀初頭、マラリアの特効薬であるキニーネ（キナ樹）の九〇パーセントはインドネシアで産出された。薬売りたちがインドネシアに拠点を設けたのもキニーネの供給が関係していたとみられる。しかしながら、この薬売りの商売も一九二〇年（大正九）頃には都市の雑貨屋（トコ・ジャパン：toke Jepang）で販売されるようになり、日本人商店の盛大ぶりからインドネシアへの日本人渡海はさらに増えていった。

日本は欧米諸国に対し、不平等条約の改正を求めた。しかし、欧米諸国によって構成される世界では、日本は対等な条約を締結できる相手ではないと拒否された。しかしながら、イギリスが南下政策をとるロシアの防波堤として日本と対等な条約を締結し、さらには日清戦争に勝利したことから日本はオランダとも新通商条約を締結した。明治二十九年（一八九六）のことだった。このことでオランダの植民地であるインドネシア（蘭領東インド）においても日本人は対等な立場として保護されるべき立場を得た。

明治三十年（一八九七）、シンガポール駐日領事の藤田敏郎がインドネシアで現地調査を行った。しかし、そこでは条約に定めた日本人の人権はなく、他のアジア人種同様に犬、猫と同等の扱いだった。「日本人がシナ人同様に扱われている」と藤田領事が外交問題にしたことでオランダは明治三十二年（一八九九）からインドネシア在住の日本人の扱いを変えると表明した。征服者としてインドネシアに君臨したオランダ人のアジア人種に対する偏見は早々に変化するものではない。市来、吉住たちがインドネシアに移り住んだ頃、オランダ人の日本人に対する扱いに大差はなく、両名が現地民を指揮して独立戦争に身を投じたのも人種差別に対する強い反感があったからである。

日本包囲と封じ込め

文久二年（一八六二）十一月、幕府は欧米の制度を取り込むために留学生一五名をオランダに送りだした。長崎を出港した船はインドネシア（蘭領東インド）のバタヴィア（ジャカルタ）を経由し、一八六三年（文久三）六月四日、ロッテルダムに到着した。留学生のうち榎本武揚等一一名は造船と航海、伊藤玄伯《げんぱく》と林研海《けんかい》の二名が医学、そして、西周《にしあまね》と津田真道《まみち》の二名は洋学（主に法律）を学ぶことになった。西周と津田真道は二年間、ライデン大学で学び、慶応元年（一八六六）帰国している。両名は帰国後、開成所教授を務め、明治元年（一八六八）に津田は『泰西国法論』『表紀提綱』西は『万国公法』を刊行した。世界に向けて国を開き、条約を締結したものの、西洋の基準である法体系について日本は知識を有していなかった。

留学生がオランダに送られた頃、オランダ東インド会社は解散していたが、政府系のオランダ貿易会社（ＮＨＭ）が対日貿易を継いでいた。オランダ貿易会社出島支店の一八六一年（文久元）の売上高は一〇〇万ギルダーであったが、幕府からの軍艦注文などで売り上げが増加し、一八六六（慶応二年）には六〇〇万ギルダーにまで膨らんでいた。オランダが日本人留学生の受け入れを承諾した背景には、更なる日本からの受注増にかけていた節がある。関税率を二〇パーセントから五パーセントへと大幅引き下げしたのも、日本への大規模な輸出を目論んでいたからだった。

オランダ主導の通商条約締結は一時暗礁に乗り上げている。領事裁判権、関税自主権が認められない不平等条約だけが強調されるが、日本側が強く懸念を示したのはアヘン貿易だった。清国がアヘン戦争でイギリスに敗退したことを知った日本だが、それよりもアヘンの蔓延によって清国が侵略されたことに脅威を抱いていた。日本側の真意を知ったアメリカがアヘン貿易の項目を除外して締結したことでイギリスや他国もそれに従ったが、明治四年（一八七一）の日清修好条規にはアヘン貿易の項目が入ることになった。日清修好条規は相互に不平等条約を承認する対等な条約体制ではあったが、実質は大国である清国が有利だった。さらに、イギリスに侵略された清国との条約であれば、イギリスによる間接的なアヘンによる侵略を日本が受けるようなものだった。明治十六年（一八八三）の長崎アヘン事件（長崎市内で清国水兵がアヘンを吸引したことから地元警察が捜査を行ったが、暴動に発展し、治外法権を盾に清国側が内政干渉した事件）、明治十九年（一八八六）の長崎事件（清国水兵が長崎市内の飲食店で暴れ、このことから日清双方に多数の死傷者、負傷者を出す市街戦に発展した騒乱事件）、明治二十四年（一八九一）の清国北洋艦隊来航騒動（東洋一といわれる北洋艦隊を率いて清国が日本各地で武力による威圧行動を行った）と清国による日本の主権侵害が続くが、その背後にはイギリスの影がちらついている。

明治二十七年（一八九四）、朝鮮の東学党の乱に端を発した日清戦争で日本は清国に勝利し、辛うじて日本の主権を守ることができた。これは間接的ながら、イギリスの日本侵略を防いだことになる。しかしながら、遼東半島の領有権問題からロシアと対峙し、明治三十七年（一九〇四）に日本はロシアとの戦争に突入した。この日露戦争に勝利することで、ロシアによる日本侵略を防ぐことができたが、その日露戦争勝利の陰で怯えていたのがオランダだった。インドネシア（蘭領東インド）には日本人商人や企業の進出が相次いでいたが、白人に勝利した日本人の影響を受けて現地民が反乱を起こすのではないかという不安があったからだ。

市来や吉住のような海外進出は経済的な問題からだったが、明治期の日本全体では膨張する

人口問題*から海外移住する日本人がいた。

*日本の人口推移

一六〇〇年（慶長五）	一二〇〇万人（推計）
一七二一年（享保六）	三一二八万人（推計）
一八七五年（明治八）	三五三二万人
一九〇〇年（明治三十三）	四三八五万人
一九二五年（大正十四）	五九七四万人
一九五〇年（昭和二十五）	八三二〇万人
一九七五年（昭和五十）	一億一一九二万人
二〇〇〇年（平成十二）	一億二六九二万人

日本人の海外移民が続き、一九〇八年（明治四十一）にはアメリカのシアトルで排日運動が起こった。カナダも日本人の渡航制限をし、一九一三年（大正二）にはカリフォルニアで排日移民法が成立した。一九二四年（大正十三）にはアメリカ全体で排日移民法が成立し、オレゴン州では排日暴動さえ起きている。このアメリカにおける排日移民の動きだが、ポテトキングこと牛島謹爾《うしじまきんじ》のように四万ヘクタールの馬鈴薯畑を開拓し、市場価格を左右するほど日本人移民が経済力を付けてきたことによる怖れからだった。

日本は増加する人口問題解決として満洲*移民を計画した。オランダは北米大陸での日本人移民禁止に対し、資本、人材がインドネシア（蘭領東インド）に集中するのではと危惧していた。

ロシアに勝利した日本人の影響が大きく、現地民の抵抗からオランダの権益が侵害されると考えられていた。しかしながら、満洲国が建国されたことでインドネシアへの日本人移住と影響が回避され、オランダは水面下で満洲建国に歓迎の意を表していた。

＊満洲移民計画に到る前後の事件
一九三一年（昭和六年）　満洲事変
一九三二年（昭和七年）　満洲国建国
一九三三年（昭和八年）　国際連盟脱退、満洲移民計画発表

青松寺のスカルノ碑に記されている市来龍夫がインドネシアに渡ったのが昭和三年（一九二八）であり、吉住留五郎は昭和七年（一九三二）のことである。この頃、世界は新興国日本の膨張を囲い込み、経済的封じ込めを画策していた。

アジア主義と大東亜会議

昭和十五年（一九四〇）九月、インドネシアのバタヴィアで第二次日蘭会商が始まった。もともと日本からインドネシアへの輸出超過を調整する会議から始まったが、この会議はインドネシアから日本への石油の輸出増を求めての交渉会議でもあった。従来、年平均六〇万トンから九〇万トンの石油がインドネシアから輸出されていたが、今後五年間、年三〇〇〇万トンの輸出を日本は求めた。年平均輸出量の三倍近くを求められたオランダは日本の要請を断ったが、

その背景は日本の南方地域への武力進出*を警戒してのことだった。

*日本の武力進出を警戒する事由
・フランス領インドシナ（現在のベトナム）に日本軍が進駐したこと
・日独伊の三国同盟を締結したこと
・蘭領東インド（インドネシア）は大東亜共栄圏であると近衛首相が表明したこと
・日本軍のインドネシア進駐を米英が警戒し、その際にはオランダを支援すると表明
・インドネシアの民族派に日本が独立を暗示する

複数の観点からオランダは日本の要望を断った。とりわけ、オランダ本国には日本が同盟を結んだナチス・ドイツが侵攻し、女王がイギリスに亡命している最中だった。オランダからすれば敵対するナチス・ドイツを間接的に支援することになり、当初から受諾できない日本の申し出だった。およそ九ヶ月に及ぶ会商は吉澤謙吉元外務大臣を特使として派遣しても解決には至らなかった。というよりも、インドネシアに駐留するオランダ軍は昭和十四年（一九三九）頃から日本軍の侵攻に備え軍備を整えており、日蘭会商*が長引けば長引くほど日本の情報を引き出せ、軍備を整える時間が稼げたのだった。

*日蘭会商頃の日本を一とした場合のアメリカとの生産力比較

	一九三八年（昭和十三）	一九四一年（昭和十六）	一九四四年（昭和十九）
・石油	四八五・九	五二七・九	九五六・三

・鉄鉱石	三七・五	七四	二六・三
・アルミニュウム	八・七	五・六	六・三

オランダが所有するインドネシア産石油の輸出を三倍以上にしても、日米の石油の比率には大きな乖離が生じていた。オランダ側が日本の武力侵攻に備えていたように、日本の軍部もインドネシア侵攻の下準備に入っていた。石油は当然のこととして他にもゴム産業があった。昭和十六年（一九四一）の秋、ブリヂストンは陸軍省から軍機扱いでタイヤ工場接収の報告を受けていた。ブリヂストンはジャワ島にあるグッドイヤーのバイテンゾルグ（現在のボゴール市）工場の委託経営を打診されていたのである（実際に日本軍進駐後の昭和十七年（一九四二）四月に操業開始となっている）。

アメリカの対日石油禁輸措置はオランダへの過度な要求となったが、すでに日本はインドネシアへの侵攻と接収後についての計画も進めていた。日本はインドネシアのオランダ資産を見積もり、オランダは日本軍の侵攻に備え、日蘭双方とも戦争は避けて通れないと踏んでいた。

昭和十六年（一九四一）十二月八日（日本時間）、日本はアメリカ、イギリスを中心とした連合国に宣戦布告した。日本海軍機動部隊による真珠湾攻撃から始まった戦いも戦線が拡大するにつれて日本に不利な局面となってきた。昭和十八年（一九四三）二月にはガダルカナル島撤退、五月にはアッツ島玉砕が議会に報告され、国力を考えると早期の和平を模索しなければならない状態だった。そういった中、昭和十八年（一九四三）十一月、東京で大東亜会議（大東亜共栄圏構想のアジア代表者会議）が開催された。

ビルマのバー・モウ首相、満洲国の張景恵総理、中華民国の王兆銘院長、タイのワイワイタヤコーン殿下、フィリッピンのラウレル大統領、自由インド仮政府のチャンドラ・ボース首班が参加した。日本の当初の開戦目的は米英の経済封鎖粉砕だったが、大東亜会議を開催することで戦争目的をアジアの植民地解放に変換したのである。東條首相の政権の延命工作とも受けとれない行動だが、欧米から独立できるのであれば手段を選ばないのが植民地諸国だった。しかしながら、そこにはインドネシアのスカルノ、ハッタという後の大統領、副大統領の姿は無かった。日本はインドネシアを資源供給地域としてみなし、大東亜会議への招請をしなかったのである。このことに対し、スカルノ、ハッタの憤慨は凄まじく、スカルノは「日本はアジアの帝国主義国家」と規定するほどだった。

この大東亜会議が開催される年の元旦、朝日新聞の社説で中野正剛（衆議員議員）は東條英機首相の退陣を求める社説を掲載した。「戦時宰相論」と題した記事は、事前の検閲を通過していたものの、政権の当事者にしか分からない微妙な言い回しで急所を突いた内容だった。この「戦時宰相論」は中野の盟友であり朝日新聞後輩の緒方竹虎が仕掛け人という。しかし、激怒した東條首相は直ちに朝日新聞を「発禁」処分にした。

昭和十八年（一九四三）二月にはガダルカナル島撤退、五月にはアッツ島玉砕が議会に報告

緒方竹虎の胸像　（修猷資料館）

修猷館卒業生の三人　左から廣田弘毅、中野正剛、緒方竹虎　（修猷資料館）

修猷館の旧校門

福岡市中央区鳥飼神社の中野正剛像
左の碑は盟友緒方竹虎の手跡

福岡市中央区鳥飼神社の中野正剛像
切断した左足を拳でかばうかのように見える

されていた。日本の国力を考えると戦争継続は不可能であり、早期の和平を画策しなければならなかったが、議会は大政翼賛会議員で占められ、東條首相の戦争指導責任、早期退陣要求すらしなかった。中野は前年暮の日比谷公会堂での演説内容が言論出版集会結社等臨時取締法に抵触したことで公の場での演説を禁止されており、新聞での言論も「発禁」となり、議会演説でしか早期和平を訴える場所はなかった。中野は鳩山一郎、三木武吉《ぶきち》の三人で三者同盟を結成し、大政翼賛会政治を批判し、議場は一時騒然となった。「ヤジ将軍」の異名をとる三木武吉の「梅吉黙れ！　茶坊主黙れ！」のヤジで議場は鎮まったが、多勢に無勢で三者同盟は限界に来ていた。鳩山は軽井沢の山荘に籠り、三木は小豆島に隠棲してしまった。

それでも執拗に中野は早期和平の道を模索していたが、東條は警視庁と憲兵隊を使って中野を拘束、弾圧している。大東亜会議を目前に控えた十月二十七日、中野は一時帰宅した際に自室で割腹自決したが、大東亜会議をいかに成功裡に収めたかったか、東條首相の一念を垣間見る気がする。

東條首相が議長としてリードした大東亜会議では「大東亜共同宣言」が採択された。

一、大東亜各国は協同して大東亜の安定を確保し道義に基づく共存共栄の秩序を建設す

一、大東亜各国は相互に自主独立を尊重し互助敦睦《とんぼく》の実を挙げ大東亜の親和を確立す

一、大東亜各国は相互にその伝統を尊重し各民族の創造性を伸張し大東亜の文化を高揚す

一、大東亜各国は互恵の下緊密に提携し其の経済発展を図り大東亜の繁栄を増進す

一、大東亜各国は万邦との交誼を篤うし人種差別を撤廃し普く文化を交流し進んで資源を開放し以って世界の進運に貢献す

大東亜会議開催前、東條首相はビルマとフィリッピンの独立を承認する声明を発表した。会

孫文の扁額と孫文坐像　東京港区白金台　台北駐日経済文化代表処

博多聖福寺　初代玄洋社社長・平岡浩太郎の墓所　孫文も墓参に訪れた

議には政府首脳が出席することが要件となっていたからである。しかしながら、インドネシアは日本の戦争遂行の資源供給地として帝国領土に組み込まれ、インドネシアの独立を承認する声明はなかった。これを受けてスカルノは「インドネシア民族の頭上に打ちおろされた鉄槌である」と語り、ハッタは「インドネシアに最も不愉快な侮辱と刺激を与える」と日本の対応を批判した。失望の方が大きく、もはや、大東亜共同宣言そのものに対するコメントを発する気力すら無かった。仮にあったとしても、日本の軍政部によって握りつぶされることを彼らは知っていたからだった。

東條首相を批判した中野正剛だが、アジア主義を標榜する玄洋社員だった。玄洋社は孫文の辛亥革命を支援したが、孫文の後継を自認する蔣介石と中野は日支事変解決のための会談をするほどの仲だった。中野が存命であればスカルノ、ハッタが参加しない大東亜会議、「大東亜共同宣言」をどのような論説で批判しただろうかと興味がある。

日本の敗戦による混乱

昭和二十年（一九四五）八月十五日、天皇陛下の詔勅によって戦争は終結した。しかし、火事場泥棒の如くソ連軍は満洲を占領し、千島列島を侵略した。満洲占領は日ソ不可侵条約締結と同時にソ連が計画していた軍事侵攻だった。昭和二十年（一九四五）九月二日、東京湾上の戦艦ミズーリ号での降伏文書調印式では、ペリー来航時の旗艦サスケハナ号に掲げられていた星条旗が艦橋に掲げられていた。ここに、ペリー来航目的が日本との和親といいながら、極東アジアへの橋頭保であったことがみてとれる。この降伏文書調印式は、欧米の帝国主義者たちによってアジアの新興国日本を叩きつぶす儀式の始まりでもあった。

この敗戦は日本だけが混乱に陥ったわけではない。大東亜会議に参加した国々も直ちにアメリカ、イギリスによる儀式の餌食となった。日本が主催する大東亜会議に参加したことは翻って反米英になり、戦うのか降伏するのかの選択を迫られることになる。まず、ビルマのバー・モウ首相だが、駐ビルマ大使の石射猪太郎の忠告にしたがい日本に亡命し、新潟県の寺に隠れ住んでいた。時候を見計らい、昭和二十一年（一九四六）一月十八日、上京してイギリス軍に自首した。この間、反英的として尋問が続いていたが、八月には釈放されビルマに帰って行った。嘘も方便、バー・モウは連合軍側の追求をのらりくらりとかわして時間を稼ぎ、米英の風の流れが変わるのを待っていたのである。ここに大国に挟まれながらも生き延びねばならなかった小国の生きる術があった。後に、「真実のビルマ独立宣言は一九四八年（昭和二十三）一月四日ではなく、一九四三年（昭和十八）八月一日に行なわれたのであって、真のビルマ解放者はアトリーのイギリス労働党ではなく、東條大将と大日本帝国政府であった」と明言した。

満洲国の張景恵総理は蒋介石の中華民国と合流しようとしたが、満洲を侵略したソ連軍に捕まりシベリアへ送られた。その後、一九四九年（昭和二十四）の中華人民共和国成立とともに中共側に引き渡され、一九五九年（昭和三十四）に撫順戦犯管理所で死亡した。

中華民国の王兆銘院長は大東亜会議参加後、一九四四年（昭和十九）三月三日、名古屋帝国大学附属病院で死去した。かつて、国民党内部の権力闘争の最中に狙撃されたことがあり、その弾丸摘出手術で体調が悪化したためである。遺体は南京に送られ、墓所が暴かれないようにコンクリートで頑丈に覆われたが、戦後、国民党軍によって爆破され、遺体は焼却の後に野にさらされた。

タイのワイワイタヤコーン殿下は特段の処断も受けなかった。連合国軍の盟主であるアメリカは来る世界の動きを敏感に察知し、タイを敵国とみなさず味方に引き込んだのである。イギリスもアメリカの動向に従いタイとの講和条約を軽減している。後にワイワイタヤコーン殿下は国連議長を務め、日本の国連加盟に助力している。逆に、故意に大東亜会議に出席しなかったビブン首相は昭和二十年十月八日、戦争犯罪人として逮捕された。その後釈放されるが、一九五七年（昭和三十二）九月にタイ国内の政変から日本に亡命し、昭和三十九年（一九六四）に亡くなっている。

フィリッピンのラウレル大統領は一九四五年（昭和二十）三月末、日本の敗戦が濃厚とみてとった山下泰文《やましたともゆき》大将の助言で日本に亡命した。敗戦後、マッカーサー指令によって捕えられ巣鴨拘置所に収監された。一九四六年（昭和二十一）七月に帰国し、収監されたものの一九四八（昭和二十三）四月に恩赦で釈放され、一九五一年にフィリッピン政界に復帰した。

自由インド仮政府のチャンドラ・ボースは日本の敗戦後、ソ連への投降を希望した。あくまでもインドの独立に拘り、米英に対抗できるのはソ連しかないと判断した結果だった。このボースの発想は日本人には理解しがたい行動だが、「イギリスから独立できるのであれば悪魔とでも手を握る」との発言に植民地民として抑圧されてきたインド人の本音がある。いつ、独立の機会が到来するかわからないなか、今しかないとボースは判断したのだが、昭和二十年（一九四五）八月十八日、ボースが搭乗した飛行機は台湾を離陸直後に墜落し、ボースは事故死してしまった。

大東亜会議に参加したアジア各国の代表者たちは、それぞれの生き方を模索し、それぞれの濁流にのみ込まれていった。そんな中、大東亜会議に招かれず、一堂に会しなかったインドネシアは八月十七日、スカルノ、ハッタによる独立宣言を行なった。昭和二十年(一九四五)七月十七日、日本政府の「帝国は可及的速やかに東印度の独立を容認す」との報告を受けての独立宣言であった。このとき、インドネシア初代大統領スカルノは独立宣誓書の日付を一七八〇五と記した。あくまでも、欧米が基準とする西洋暦ではなく、十七日、八月、二六〇五年、日本の皇紀二六〇五年に拘った。

残留日本兵

昭和二十年（一九四五）九月、連合国軍とインドネシア駐留の日本軍との間で降伏文書調印式が行われた。バタヴィア（ジャカルタ）でのイギリス海軍カンバーランド号上で行なわれた調印式には日本側代表として山本茂一郎《もいちろう》軍政監（陸軍少将）、西村乙嗣《おとつぐ》軍政監総務部長（陸軍少将）、前田精《ただし》海軍武官府武官（海軍少将）の三人が臨んだ。

この時点でインドネシア全域に駐留する日本の陸海軍は総計三〇万人といわれている。イギリスのマウントバッテン卿は日本軍将兵の早期帰還を命じるが、引き揚げにともなう機材がそろわず、復員は昭和二十一年（一九四六）の夏からだった。この間、インドネシアの再植民地化を図るオランダ、イギリス軍の進駐が始まり、日本軍の武装解除が始まった。同時に英蘭軍は在インドネシアのヨーロッパ人婦女子の保護を日本軍に命じた。この日本軍が英蘭軍に加担したことから、独立を求めるインドネシア軍は日本軍に武器引き渡しを求め、拒む日本軍との間で戦闘が起きた。なかには、進駐してきたイギリス、オランダ軍に寝返り、心象を得るために日本軍を意図的に攻撃してきたインドネシア兵もいた。

インドネシア軍と日本軍とが敵味方に分かれて戦闘状態になるかと思えば、ジャワ中部、東部に残留する二万人の日本軍将兵のなかからインドネシア軍に加担する者が出てきた。日本の陸海軍は懸命にインドネシア軍への合流を止め、日本への帰還を促したが、それでも数千人規模の日本兵が残留した。その理由の多くは戦争犯罪人として処刑されるよりも、インドネシア独立戦争で戦死する方がマシと決断したからである。ある者は、灰燼と帰した日本に帰国しても仕方ないと判断し、インドネシアに残留することを決めた者もいる。インドネシアで離隊し、現地で生活しているところをオランダ軍に襲撃され、反発心からインドネシア軍に身を投じた日本人もいた。

オランダ、イギリス軍は日本軍の戦争犯罪人を収容所に送ったが、そこでの処遇は苛酷を極め、人権を無視したリンチを日本兵に加えた。重労働を課し、集団リンチを加え、個人の物資掠奪は毎日のことだった。少ない食事も食器を地面に置かせ、砂が混じったものを食べさせた。戦争犯罪人、一般捕虜の区別も無く、家畜同然の扱いを繰り返していた。イギリス、オランダによる戦争裁判はまさに報復裁判だった。十分な裁判手続きも受けられず、日本兵は簡単に死刑宣告となった。その死刑宣告を受けた者も手枷足枷で無抵抗のなか、処刑の寸前まで監視兵によってリンチが加えられた。とうてい文明国とはいえない欧米人の人種差別は東京裁判（極東国際軍事裁判）でも顕著だったが、外地での戦争裁判でも日本人は動物以下の扱いだった。

青松寺の顕彰碑に名を刻む市来龍夫はオランダ人のインドネシア人への家畜的扱いに憤り、吉住留五郎はオランダ兵による拷問と家畜同様の扱いによって身体を蝕んだ。オランダに対する憎悪の深さは並ではなく、民間人でありながらオランダ軍に銃口を向けるのも無理はなかった。オランダ人聖職者といえども、聖書の中の支配者として都合の悪い部分は現地民に教えていない。市来、吉住の独立戦争におけるゲリラ活動は、インドネシア人が三五〇年にわたってオランダ人から受けた虐待と搾取を一気に晴らすかの如き動きだったという。残留日本兵は日本からは「逃亡兵」、インドネシアからは旧占領者とみなされていた。後にスカルノ大統領の第三夫人であるデヴィ・スカルノ（日本名：根本七保子）や独立戦争時の状況を知る将軍たちによって旧日本兵はインドネシア国籍が付与されたが、その員数も二〇〇名ほどだった。独立戦争で戦死した旧日本兵はインドネシアの英雄墓地などに埋葬されているが、独立戦争に参戦した員数は正確にはわからない。

博多聖福寺の廣田弘毅墓所　両親、自死した妻静子とともに眠る

イギリス軍、オランダ軍による戦争裁判ではおよそ一〇〇〇人の日本軍将兵、軍属が起訴された。そのうち二五〇人が虫けらの如く死刑判決を受けている。国内外合わせての戦争裁判では一〇〇〇名近くが死刑となっているが、「A級戦犯」という言葉の響きが強いため、日本人で死刑になった者は東京裁判での七名だけという印象に陥ってしまう。それでも、昭和二十四年（一九四九）十二月、オランダ、イギリス軍による戦争裁判で未決の日本人は巣鴨に移され、昭和三十一年（一九五六）には全員が保釈された。日本政府がオランダに一〇〇〇万ドル（三八〇〇万ギルダー）の保釈金を支払ってのことだった。まさに、地獄の沙汰もカネ次第を地で行く結末だった。

ムルデカ*一七八〇五

「われわれインドネシア民族は、ここにインドネシアの独立を宣言する。権力の移行、その他に関する事項は適当、かつ迅速に処理される。　一七・八・〇五」

インドネシアの独立宣言は、昭和二十年（一九四五）八月十七日にスカルノ、ハッタによって行なわれた。日本の皇紀（二六〇五年）に拘った独立宣言書作成においては四人の日本人が関わっている。海軍武官府の前田《まえた》精《ただし》、新聞記者（海軍嘱託）の吉住留五郎、陸軍通訳官の三好俊吉郎、そして海軍嘱託の西嶋茂忠である。

スカルノは一九〇一年（明治三十四）六月六日、東ジャワ州のスラバヤで生まれた。父親はジャワ人でイスラム教徒、母親はバリ人でヒンドゥー教徒である。本人は母親のヒンドゥー教の影響を受けながらも、イスラム教徒であった。スカルノは一九二六年（大正十五）にバンドン工科大学を卒業するも、学生時代からオランダ人による人種差別に苦しんだ一人だった。一九二七年（昭和二）にはインドネシア国民同盟を結成、民族派、独立派としてオランダ官憲による逮捕、投獄を経験した。そのスカルノも、一九四二年（昭和十七）七月にジャワ派遣軍の今村均中将（当時）と出会って、対日協力を約束した。

さらに、スカルノとともに独立の功労者であるハッタはモハマッド・ハッタといい、インドネシアのミナンカバラ族の出身でイスラム教徒である。一九〇二年（明治三十五）年八月十二日生まれ、スカルノよりも一歳年下だった。ハッタは一九二一年（大正十）にオランダのロッテルダム商科大学に進学し、一九三二年（昭和七）に経済学修士を得ている。このロッテルダム滞在中に一九〇八年（明治四十一）に設立された東インド協会、後のインドネシア協会に誘われ、これがハッタのインドネシア人としての民族自決を覚醒させるきっかけとなった。

このハッタの民族自決については、辛亥革命の孫文の影響が大きい。その孫文の辛亥革命は玄洋社、黒龍会が全面支援したが、ハッタと同じミナンカバラ族のウスマン（日本留学生の親睦団体サレカット・インドネシアの書記長）は玄洋社、黒龍会と接触があった。このことからハッタは支援を得るために日本へと向かった。そこで大東亜協会の下中弥三郎を紹介され、さらにインド独立の闘士ビハリ・ボースと出会った。ビハリ・ボースはインド独立運動の最中、イギリス官憲に追われて日本に逃亡し、玄洋社の頭山満、杉山茂丸の差配で匿われた一人だった。後に頭山満夫妻の媒酌で新宿中村屋の相馬夫妻の娘俊子と結婚し、日本に帰化した。しかしながら、気持ちは常にインド独立に燃えていた。

日本でのハッタは日本インドネシア協会を創立し、ビハリ・ボースが議長、会長はハッタ、下中弥三郎が副会長を務めた。スカルノは一九二七年（昭和二）にインドネシア国民同盟を組織していたが、ハッタの帰国によってインドネシア独立の人的支援を玄洋社、黒龍会から得ることができた。大東亜会議においてもインドネシアの独立承認を渋った日本政府だが、早い時期から日本のアジア主義団体が独立の支援を行なっていた。大東亜会議には招請されなかったが、スカルノとハッタは日本に招かれ、宮中で昭和天皇の謁見という栄誉に浴することができ

「東洋の国士　杉山茂丸」碑　（福岡県筑紫野市山家の加島家）

た。このとき、昭和天皇は慣例を破り、自らスカルノに歩み寄り握手を求めている。政府の対応とは別に、昭和天皇はスカルノが強く独立を求める熱情を汲んでいたのだった。このような昭和天皇の行動にスカルノ、ハッタは魂も打ち震える感激を覚えたという。

昭和二十年（皇紀二六〇五、一九四五）八月十七日、スカルノが独立宣言を行なったからといって、簡単にスカルノが権限を握ったわけではなかった。旧宗主国のオランダはもとより、イギリスが再植民地化のためにインドネシアに武力進攻してきた。長い独立戦争の始まりだが、その間、国際的に中立の立場を表明しながらもアメリカは背後からオランダ軍に武器弾薬を提供していた。かつて、日本軍と対峙する蒋介石軍に武器弾薬、兵士まで供与したアメリカだが、これにはスカルノも随分と苦戦を強いられた。さらに、オランダ軍に雇われたインドネシア人の密偵による撹乱など、民族、宗教の対立から戦闘が長引き、スカルノがオランダ側から国家としての統治権を完全に奪取するまでには約四年を要したのだった。

スカルノは多民族、異なる宗教の集合体であるインドネシアを「相互扶助」（アジア的村落共同体の意、ゴトン・ロヨン gotong royong）、「多様性の中の統一」（多くの宗教、信仰、多くの民族、言語の普遍性）という理念で統一していった。この「相互扶助」という言葉からはヒンドゥー教の思想を、「多様性の中の統一」という言葉からイスラム教とキリスト教、多民族の融合を願う気持ちが感じられる。とくに、後年、この「相互扶助」という思想が欧米列強に理解されず、スカルノが容共主義者、共産主義者として欧米のバッシングを受けたのはかえすがえすも残念である。

＊ムルデカ（MERDEKA）とは、インドネシア語で「独立」を意味する。独立を求めるインドネシア人たちの相言葉でもあった。

第六章

ガネホと東京オリンピック

日本の敗戦後、再植民地化を図った欧米諸国だったが、独立戦争の末にアジア各国は独立した。アジア・アフリカの国々は連合を組むことで共生社会を構成しようとしたが、欧米は地下資源確保のためにアジア諸国の分断と取り込みに転じた。インドネシアのスカルノ大統領は欧米との一切の妥協を認めず、アジア独自のスポーツの祭典を挙行した。ここから東京オリンピック参加資格問題が発生し、結果的にインドネシアと北朝鮮はオリンピックに参加できなかった。

この章では、アジアを分断する欧米とそれに翻弄される日本の姿を描くことで東西陣営の対立、大国のエゴを描く。東京オリンピックは成功裡に終了したが、その後のオリンピックにおいて様々な問題が勃発した。それら予見された問題の要因となるものを振り返る。

バンドン会議

昭和三十年（一九五五）、インドネシアの高原都市バンドンでアジア・アフリカ会議、通称バンドン会議が開催された。一九四九年（昭和二十四）十二月、オランダが蘭領東インドの統治権をインドネシアに完全移行し、スカルノは名実ともにインドネシア共和国の大統領となった。旧宗主国から実力（独立戦争）で独立を勝ち取ったスカルノにとって、アジア・アフリカの盟主を招いて会議を主催することは民族自決をアピールする得意の絶頂でもあった。四月十八日から始まったバンドン会議には共同提案国であるインド、パキスタン、ビルマ（ミャンマー）、セイロン（スリランカ）の他、アフガニスタン、カンボジア、中央アフリカ（旧フランス領赤道アフリカ）中華人民共和国、エジプト、エチオピア、黄金海岸（ガーナ）、イラン、イラク、日本、ヨルダン、ラオス、レバノン、リベリア、リビア、ネパール、フィリッピン、サウジアラビア、スーダン、シリア、タイ、トルコ、北ベトナム、南ベトナム、イエメンが参加した。いずれも、かつては欧米の植民地であったアジア・アフリカの国々である。新興国の会議とはいえ、インドのネルー、ビルマのウー・ヌー、中華人民共和国の周恩来、エジプトのナセルという国家元首が参加している。

この会議では例外として日本が招請された。日本の招請についてはパキスタンが参加を提唱するもインド、インドネシア、ビルマの三ヶ国が会議の趣旨から外れるとして反対していた。親日的と思われる三ヶ国が日本を除外したことを意外に思うかもしれないが、「日本は余りにも西欧陣営と密接に結びついている」「日本は未だ東南アジア諸国と国交調整ができていない」という意見からだった。スカルノは日本の敗戦前から「日本は帝国主義」と口にしていたが、独立承認が遅れ、大東亜会議に招請されなかったことがしこりとなって残っていたのだろう。しかしながら、他の国々の取りなしで日本も会議への参加を認められた。その背景には、日本の技術、資金提供をアジア・アフリカ諸国が期待しているからだった。会議には日本から高崎国務大臣が参加したが、日本がインドネシアを占領統治した軍政中、現地の人々を労務者（ロームシャ）として徴用したことに対する補償を求められた。徴用されたインドネシア人はバリサン・ブカス・ロームシャという団体を結成し、戦時賠償と慰謝料支払いを促す電報を日本代表団、スカルノ大統領あてに送り付けた。

このアジア・アフリカ諸国が集う場にイスラエル、南朝鮮（韓国）、北朝鮮、国府（中華民国・台湾）、南アフリカ連邦は除外された。アジア・アフリカ諸国はイスラム教国が多く、宗教的にイスラエルと対立していたが、イスラエルの背後に米英の影を見てとったからである。南朝鮮、北朝鮮は朝鮮戦争により分断され、それぞれがアメリカ、ソ連という超大国の影響下にあることが原因だった。国府（中華民国・台湾）については、インドネシアは中華人民共和国を承認しており、台湾は中華人民共和国の一部とみていた。さらに、蒋介石率いる国民党に対するスカルノの不信が大きく影響している。スカルノが容共主義者ということから中華人民共和国を選択したと思われがちだが、蒋介石は日支事変勃発において日本との停戦交渉を無視し、

孫文坐像　東京港区白金台　台北駐日経済文化代表処

米英の協力を得て戦争を拡大させたことによる反発だった。蒋介石は孫文の大アジア主義を信奉するアジアの民族自決派と対立していたのである。かつて、インドのチャンドラ・ボースも蒋介石に対し、孫文の継承者であるならば米英との関係を断ち切るべきと主張していた。特にインドの敵イギリスの支援を受ける蒋介石はチャンドラ・ボースから見れば裏切り者でしかなかった。永年、孫文の秘書を務め、蒋介石とは旧知の革命仲間である山田純三郎も国民党内部の権力闘争に明け暮れ、アジアの民族自決を顧みなかった蒋介石を批判しているほどである。

このバンドン会議開催にあたっては、その目的が発表された。

（イ）アジア・アフリカ各国の代表が相集って直接各国の立場や見解などを披露しあい、相互の理解認識を深めて親善協力関係を促進すること。

（ロ）各国相互間および共通の利害関係を協調し、共同の利益を開拓増殖し、平和的友好関係を確立すること。

（ハ）アジア・アフリカにおける特殊の問題、民族的独立、人種的差別および植民地問題に関する協議。
（ニ）世界におけるアジア・アフリカ各国および民族の地位と世界平和に対する協力寄与の可能性の検討。
（ホ）アジア・アフリカ各国の社会的、経済的および文化的問題、その相互間の交流協力関係の検討。

このバンドン会議開催目的の内容を見てみると、言葉は異なるものの、昭和十八年（一九四三）十一月に開催された「大東亜会議宣言」に似ている。植民地として搾取、掠奪、虐殺、差別を受けてきた国々が新しい共栄圏を創設するのがこの会議の目的だった。

このバンドン会議については、国内外の注目を集め、驚きと称賛、誹謗中傷の意見が錯綜した。

・中共（中華人民共和国）、北ベトナム、という共産主義国の参加
＊共産主義国が参加することで、アジア・アフリカ会議が共産主義国家の連合体を目指すのではないかという懸念。
・フィリッピン、タイというアメリカの東南アジア集団防衛機構に関わる国の参加

＊アメリカの軍事力に依拠する両国が、共産主義色の強い会議に参加することでアメリカの連合体から離反するのではないかという懸念。
・帝国主義支配から独立した民族主義国家の会議
＊民族自決を標榜する国家が、かつての宗主国に集団で反旗を翻すのではという懸念。
・アメリカが会議の開催ができないように妨害工作をしている
＊アジア・アフリカという連合体の成立をアメリカが分断、切り崩しにかかっている。
・東西冷戦（米ソ対立）に加担する意思なし
＊アジア・アフリカ諸国が連合体を組織することで、米ソの対立に巻き込まれないように画策している。
・日本と中共が参加することで国交再開のきっかけになるのでは
＊台湾が参加しない会議ということで、日本と中華人民共和国とが国交を樹立するのではという予測。
・日本とインドネシアの賠償問題解決、国交再開の場になるのでは
＊日本が会議に招請された真意は、インドネシアが国交樹立と占領統治時代の賠償（経済支援）を解決したいからではという憶測。
・原子兵器（核兵器）の威力を考える大国と考えないアジアとの構図
＊米ソが自国の核の傘（安全保障）に諸国を取り込もうとする意図に反し、連合体を構成

することで米ソとは異なる第三勢力構築を考えている。
・日本の経済力と技術供与を期待
＊会議への日本招請は、参加国が経済支援、技術支援を求める意図があるのではという推測。
・世界最大の植民地支配国家である英国への批判集中の場
＊アジア・アフリカ諸国を永年、搾取、略奪してきたイギリスに対する批判と賠償請求の場になるのではという推測。
・会議開催は有色人種の白人に対する歴史的革命
＊永年抑圧されてきた有色人種が、白人国家に賠償を含む人種差別撤廃を求める意図があるのではという懸念。
・日本と国交のない国が多数参加し、悪感情や賠償の要求がある
＊日本との国交が樹立されていない国々から、日本軍政下当時の賠償要求や批判が集中するのではという推測。
・ソ連が会議に参加していないので中共（中華人民共和国）が会議をリードするのでは
＊開催国のインドネシアをさしおいて、最大国家の中共が会議の主役になるのではという懸念。
・反植民地主義国の会議

＊会議参加国の特色として、その多くが欧米の旧植民地である。
・人種的結合の会議
＊有色人種が会議後、白人国家に対抗してくるのではという懸念。
・共産主義国家に隷属する懸念
＊会議参加国が、共産主義国家に転換するのではという不安。
（日本インドネシア協会『月刊インドネシア』昭和三十年三月号から抜粋。＊は著者による解説）

各国のメディアがそれぞれの主義主張、立場、国益を絡めて様々な意見を発したが、それほどバンドン会議は新しい第三極の登場として世界の注目を浴びた。そのバンドン会議から三年後の昭和三十三年（一九五八）一月、日本とインドネシアは平和条約、賠償協定に調印した。本来、早期に平和条約の締結がなされてしかるべき両国だったが、何らかの思惑によって遅れていた。いずれにしてもバンドン会議が機縁となって国交が樹立されたのは間違いない。

その後も、イギリスの植民地であった現在のマレーシアの独立問題に関して、インドネシアはイギリスと対立した。旧マラヤ連邦、シンガポール、ブルネイ、ボルネオを合併してひとつの国家とするマレーシア構想が提唱されたが、インドネシアと国境を接する北ボルネオが国家として独立するのか、イギリス主導のマレーシア構想に組み込まれるかが分かれ目だった。それぞれの地域が、それぞれの国家として独立しても不思議ではないなか、イギリスがマレーシアを連邦国家として主導し、国際社会における地位確定のための国際連合の非常任理事国入りを認めるというものだった。民族自決を唱えるスカルノからすれば、許し難いイギリスの謀略であり、緩やかな植民地支配に映ったのである。とりわけ、北ボルネオはインドネシアと国境を接しており、イギリスはブルネイを始めとして豊富な石油資源を抑え込むのが目的だった。

それだけではなく、インドネシアは独立以後も宗教問題、民族紛争で幾多の内戦や紛争を繰り広げていた。昭和三十五年（一九六〇）にはニューギニアでオランダ軍との紛争が起きた。西イリアン問題として記録されるものだが、この紛争解決のためにオランダは空母カーレル・ドールマンを送った。途中、日本に寄港する予定だったがインドネシアからクレームがつき、日本は寄港を拒否している。昭和三十七年（一九六二）にも再びニューギニアで両国が戦闘状態に入ったが、このときもオランダは民間機（KLMオランダ航空）で兵員をビアクに送る予定だった。東京経由であったためにインドネシアが反対、日本も東京経由を拒否している。

いまだに、世界では紛争が継続しているが、その多くは旧植民地での紛争である。独立後のインドネシアがイギリスやオランダ、その背後にいるアメリカと紛争を起こした原因は欧米の植民地主義による結果である。仲介役の国際連合とはいえ、欧米が中心となって、欧米の規範で運営されるものである。紛争解決の影には欧米の国益が優先となっている。

一九六五年（昭和四十）一月、インドネシアは国連を脱退した。

第四回アジア大会

平成二十二年（二〇一〇）十一月、中華人民共和国の広州市で第十六回アジア大会が開催された。アジア大会は正式にはアジア競技大会（Asian Games）と呼ばれ、アジア各地の国々が参加するスポーツ競技会である。この広州市での大会には四五の国と地域、選手九七〇四名、四二の競技種目で争われた。このアジア大会はオリンピックが開催される中間年に行なわれ、オリンピック種目外のアジア限定種目も含んでいるところに面白さがある。いわば、アジア版オリンピックだが、アジア域内のスポーツ振興と技量向上を目的としている。

昭和三十七年（一九六二）八月、インドネシアのジャカルタで第四回のアジア大会が開催された。バンドン会議に続き、ジャカルタでのアジア大会はスカルノの存在を強く世界にアピールするものだった。ある意味、スカルノはバンドン会議、アジア大会を開催することでアジア・アフリカという新興勢力の盟主に映った。

アジア大会はインドの提唱によって始まっている。第一四回ロンドンオリンピックを翌年に控えた一九四七年（昭和二十二）、アジア一三ヶ国がオリンピックの会合の場でアジアだけの競技会を開くことが検討された。アジア地域では一九一三年（大正二）から一九三四年（昭和九）まで極東選手大会（The Far Eastern Championship games）が開催されており、アジア大会は一九三四年にニューデリーで開かれた西アジア競技大会が源流ともいわれている。インドがアジア大会を提唱する発端はここにあったが、一九四九年（昭和二十四）二月、アジア競技連盟

（AGF）が創立され、一九五一年（昭和二十六）、ニューデリーで第一回の大会が開催された。

一九六二年（昭和三十七）八月、第四回アジア大会がインドネシアのジャカルタで開催された。競技に参加した国は一八にのぼり、日本は最大の選手団を送り込んだ。インドネシアは経済基盤の確立とともに多民族国家としての統一を図ろうとしており、このアジア大会は国家としての成長ぶりを国の内外にアピールする機会でもあった。インドネシアはアジア大会開催において海外からの観戦客、観光客に優先的なアコモデーション（宿泊施設、Accommodation）を提供すると表明した。これは一見、歓迎ムードを盛り上げているようだが、経済基盤確立のための外貨稼ぎでもあった。そのことは試合観戦における入場料がアメリカ・ドル建てであることに見てとれる。*

＊アジアンゲーム入場料金（アメリカ・ドル建て）
外国人のみ割り当て　一等　五ドル、二等　四ドル
三等　二・五ドル　四等　一・七五ドル
全てのゲームの通し券　一等　一五〇ドル　二等　七五ドル
（種目別　最低は体操　〇・五ドル　最高はボクシング　一・五ドル）
（準決勝、決勝はさらに　〇・五ドルから一ドルの上乗せ）

入場料はアメリカ・ドル建てになっているが、イギリス・ポンドなど、持ち込み外貨の使用、交換に関する規則を設け、西側諸国の外貨を欲していた。そんなインドネシアの足もとを見ていたソ連はアジア大会用の一〇万人収容のメイン会場（セナヤン競技場）建設の援助を行なって

いる。独立間もないインドネシアは、東側からは現物支給を受け、西側の通貨獲得に懸命だった。東西冷戦構造といえば軍事力による衝突を想起するが、資本主義や共産主義の政治思想を大義名分に、大国同士が資源と通貨の奪い合いを繰り広げていただけである。

一九四八年（昭和二十三）のロンドンオリンピックに参加できなかった日本だったが、アジア大会に参加するとともに、ホテル建設などの経済支援を行なった。バンドン会議は日本とインドネシアの平和条約締結の交渉の場でもあったが、戦時賠償金の交渉の場でもあった。日本のインドネシアに対する戦時賠償金はソ連と同じ現物による支払いが主力だった。アジア大会開催に間に合わせるためのホテルインドネシアは大成建設が請負い、内部の調度品は木下産商に任された。ホテル運営はパン・アメリカン系列に依頼されたが、ここにも外貨（米国ドル）を期待しているのが垣間見える。アジア大会の準備期間中、インドネシアから日本にトウモロコシが二万トン輸出されるなど、涙ぐましい資金調達ぶりだった。

戦時賠償金といえば、一一〇名のインドネシア人留学生が日本に送りだされた。いわゆる戦時賠償留学生だが、逆に日本人学生をアジア大会に招待する企画も実施された。インドネシア語コンテストで一等賞を獲得した学生を招待するものだが、日本とインドネシアの人的交流を目的に友好ムードは盛り上がっていた。インドネシアの国民向けにはアジア大会用に日本からテレビ一万台を輸入し、半製品のテレビをインドネシア国内で組み立てて配給するというものだった。このテレビも戦時賠償金の現物支給だが、アジア大会のテレビ中継は日本のＮＨＫが技術協力するというものだった。参加一八ヶ国中最大の選手団を送り込んだ日本だったが、ウエイトリフティングを除く一三競技に参加し、金メダル七四個、銀メダル五七個、銅メダル二四個という好成績をあげた。これは、一九六四年（昭和三十九）開催の東京オリンピックに備えての大きな自信となった。

スポーツの祭典オリンピックは世界平和、友好親善を深める場として創設されたが、日本は敵国であるとして一九四八年（昭和二十三）のロンドンオリンピックに招請されなかった。第四回のアジア大会にインドネシアは中華民国（国府台湾）、イスラエルを招請しなかった。これは、スポーツの世界平和、友好親善としての主旨からすれば批判されて当然のことである。しかし、そのことで互いが報復措置を繰り返しても何ら解決には至らず、「スポーツは政治」と揶揄されても、何ら弁解はできない。

ガネホという対抗措置

一九六二年（昭和三十七）八月二十四日、第四回アジア大会がインドネシアのジャカルタで開催された。このアジア大会当時、インドネシアは西イリアン問題でオランダと戦闘状態にあった。西イリアンとは西部ニューギニア（パプア州）のことだが、インドネシアがオランダから主権を移行されてからもこの地域だけはオランダの支配地だった。スカルノは西イリアンのインドネシア領有化というよりも反帝国主義、反植民地主義の観点からオランダと武力衝突した。最終的にはオフショア外交（非当事者として仲介）を得意とするアメリカと国際連合によって西イリアンはインドネシアに組み込まれた。このアジア大会開催に際しても、インドネシアは西イリアンでの戦時体制下として日本語を含む全ての外国語印刷物の持ち込みを禁止とした。アジア大会の観客を装ったオランダ系スパイの潜入防止の意味があったからである。

　この第四回アジア大会でインドネシアがイスラエルと中華民国（国府・台湾）を招請しなかったことに対し、IOC（国際オリンピック委員会）とIAAF（国際陸上競技連盟）、IWF（国際ウェイトリフティング連盟）はこのインドネシアの対応をみて、第四回アジア大会を正式な国際競技会として認めないと表明した。「参加資格のある国が参加できない大会は正式競技大会として認められない」というのが理由だった。これに対し、インドネシア側の反発は大きく、さらにIOCが謝罪を求めたことから帝国主義者、植民地主義者がイスラエル、台湾の利益（米英の経済的友好国）を優先したと主張した。IOCは一九六三年（昭和三十八）四月、インドネシアのIOCメンバー資格を無期限停止とした。これを受けて、スカルノ大統領、スポーツ大臣のマラディはスイス・ローザンヌのIOC本部に脱退を通告したのである。

　スカルノ大統領は欧米主導のオリンピックを離脱し、新興国独自のオリンピックを開催すると発表した。それがガネホ*こと新興国競技大会（GANEFO：The Games of the New Emerging Forces）である。

*ガネホ開催の主旨及び問題点、コメントなど——

・バンドン会議の精神とオリンピックの理想のもとに開催
・新興国の制限のないスポーツ
・新興国間の友好
・米国での国際陸上競技大会で東ドイツの締め出しがあった（英国、仏国でもあった）
・政治とスポーツは切り離すことはできない（スカルノ大統領の発言）
・「豆腐や綿ではない（白人ではない）」（ＩＯＣから脱退する際のスカルノ大統領発言）
・東京オリンピックには喜んで参加する（ＪＯＣの松本教授に対して）

ガネホは一九六三年（昭和三十八）十一月十二日から二十日まで四七ヶ国が参加して開催された。このガネホへの参加状況からインドネシアのスポーツ大臣マラディは恒久的なスポーツ運動として四年に一度開いていくと声明を発表した。

参加国の内訳（ＡＢＣ順、カッコ内は参加人員数）は次のとおりである。

・アフガニスタン（一五）　・アルバニア（五〇）　・アルジェリア（五五）
・アルゼンチン（三五）　・ブラジル（二四）　・ブルガリア（五）
・ビルマ（オブザーバー）　・オランダ（五）　・チリ（二〇）
・日本（九三）　・ドミニカ（一一）　・ドイツ民主共和国（二〇）
・フィンランド（六）　・ギニア（三〇）　・ハンガリー（一一）
・インドネシア（四八三）　・イラク（一一）　・イタリア（二〇）

・ユーゴスラビア（五）　・カンボジア（八三）　・北朝鮮（二七五）
・キューバ（二四）　・ラオス（七四）　・レバノン（三五）
・マリ（二二）　・メキシコ（五〇）　・モロッコ（八）
・タイ（一八）　・ナイジェリア（七）　・パキスタン（二一）
・フィリッピン（九五）　・セネガル（不明）　・ポーランド（一五）
・パレスチナ（一〇）　・フランス（二六）　・北ベトナム（一一五）
・中華人民共和国（四九七）　・ルーマニア（一〇）　・アラブ連合（一三）
・セイロン（二一）　・ソマリア（二八）　・シリア（二一）
・サウジアラビア（二三）　・チュニジア（一三）　・チェコスロバキア（一五）
・ソビエト連邦（一二五）　・ウルグアイ（二一）

総参加人員二五六四名というスポーツ大会を新興国のインドネシアが開催したことに欧米各国は大きな衝撃を受けた。前年にアジア大会を開催し、ソ連支援のスタジアムや競技施設があったとはいえ、ソ連、アメリカに続く第三の勢力出現に世界は戸惑った。開催国であるインドネシアは四八三人という選手を参加させたが、中華人民共和国はそれを上回る四九七人もの選手を送り込んできた。インドネシア経済は二〇〇万人の華僑集団が主導権を握っていたが、中共としては在インドネシア華僑を北京派へと傾斜させ忠誠を求める目的があった。北朝鮮も二七五人を送り込んできたが、この三ヶ国で実に一二五五人となり、総参加選手の四八・九パーセントを占めていた。ここに、ソ連を加えると半数以上がインドネシアと共産主義国で占められた。西側諸国はインドネシアをアジアにおける共産主義の橋頭堡と見てとり、分断と撹乱を画策していった。

インドネシアがガネホを開催すると発表したとき、IAAF（国際陸上競技連盟）、ISF（国際水泳連盟）など、国際競技の連盟はガネホに出場した選手はオリンピック出場資格を一年間停止すると勧告し、ガネホ開催への牽制球を投じた。IAAF等の主張内容は中華人民共和国は連盟に未加盟であり、未加盟の国が参加する競技会は正式なものではないというものだった。

翌年に東京オリンピック開催を控える日本は、IOC、IAAF、IWF（国際ウェイトリフティング連盟）の勧告に敏感に反応し、ウェイトリフティング競技に選手を送らなかった。それだけではなく、他の種目においても一線級の選手派遣をしなかった。日本はガネホに九三人という選手を送ったが、前年の第四回アジア大会で獲得した総計一五五個のメダル獲得数からみても、腰がひけた日本側の困惑ぶりが窺える。

ケネディ大統領暗殺とスカルノ

東京オリンピック開催に備え、日米間ではテレビ放送のリレー中継が行なわれていた。そのテレビ中継に最初に飛び込んできたのは、現職のアメリカ大統領ケネディの暗殺現場だった。夫人とともにオープンカーに乗った大統領が狙撃され、その衝撃は一瞬にして世界に伝播した。一九六三年（昭和三十八）十一月二十二日、金曜日のことである。

このケネディ大統領暗殺事件はインドネシアにも報道された。インドネシアでは西側諸国の反発をよそにガネホを実施し、十一月二十日に終了したばかりだった。この暗殺事件は大会の盛況に湧くインドネシアに冷や水を浴びせた格好だった。

スカルノ大統領は直ちに弔意を示すとともに、ズバンドリオ国防大臣を葬儀に列席させると声明を発表した。ケネディ大統領に対して、スカルノもインドネシア国民も強い信頼を抱いていただけに、その失望の衝撃は大きかった。一説では、ケネディはイギリスのマクミラン首相とともに左傾化するスカルノ失脚を画策していたといわれる。アメリカのＣＩＡ、イギリスのＭ16という諜報機関を使ってインドネシアを撹乱させるのはお手のものだった。しかしながら、そんなアメリカ、イギリスの計画など関係なくスカルノやインドネシア国民はケネディに対して好ましい評価を与えていた。

・ケネディはインドネシアを共産主義国とみていない。
・ケネディはアジア・アフリカおよびラテンアメリカの爆発的民族自決を支持した。
・ケネディは共産主義国に理解を示し、その長所、短所をよくわきまえ、共産陣営の指導者の心をとらえる努力をし、共存の構想の確立に成功した。
・ケネディはアジア・アフリカ諸国に理解を示した。
・ケネディは第二及び第三の努力によって共産主義色の無い民族主義の激励をした。しかし、ケネディは議会で反動的議員の攻撃を受けていた。

このケネディの暗殺事件前、一九六三年（昭和三十八）九月十六日、マレーシア連邦が成立した。イギリスは旧植民地のマレー半島を一九五七年（昭和三十二）にマラヤ連邦として独立させていた。さらに、このマラヤ連邦にボルネオ、ブルネイ、サラワクを加えたマレー構想を発表した。これに猛反発したのが、スカルノだった。マレー連邦はイギリス主導で独立を果たし、さらにボルネオ等を連邦に組み込むことで傀儡国家を生みだそうとしていたのだった。イギリスは連邦構想の見返りとしてマレーシアの国連非常任理事国入りをほのめかしていた。間接的に、イギリスはマレーシアの豊富な地下資源獲得を考えていたのだった。オランダとの独立戦争を戦い、自らの手で独立を勝ち取ったスカルノからすれば、イギリスが介在するマレーシアの連邦構想は民族自決に反することだった。さらに、ボルネオではイギリスの傀儡であるマレーシアと国境を接することになる。スカルノはインドネシア軍をボルネオ国境にまで進出させた。そうした緊迫感のなかで、ケネディはスカルノの考えに理解を示そうとしていた。しかしながら、ケネディといえども民族自決に理解を示しても、南ベトナムへの米国介入、米国内での黒人差別に対して打つ手がなく、アメリカ議会との溝が深まっていた。

現在のインドネシアとマレーシアの間にはマラッカ海峡がある。ここは中東からの原油輸入のルートであり、ここが封鎖されると産業立国主義の日本経済は立ち行かなくなる。イギリスがマレー構想で北ボルネオを抱き込み、アメリカがインドネシアを懐柔することでマラッカ海峡の保全が可能になる。さらに、北ベトナム、中華人民共和国という共産主義国の資源輸入ルートを封鎖することもできる。

ケネディのスカルノ懐柔策は成功したものの、民族自決に賛意を示すケネディは「何者」かにとって、邪魔な存在だったのかもしれない。ガネホ開催はインドネシアと中華人民共和国の緊密さを増した。それは、中華人民共和国がガネホ開催にあたり最多の選手団を送り込んだことに如実に表れている。このインドネシアと中華人民共和国との関係を分断するには南ベトナムに介入し、南シナ海の制海権を握るしかなかった。アメリカは一九五〇年（昭和二十五）からベトナムへの介入を始めていたが、ケネディは長期化する南ベトナムへの本格介入を渋った。ケネディ暗殺は「何者」かによる、スカルノに対する二重三重の威嚇だったのではないか。

東京オリンピック開会式前夜

昭和三十九年（一九六四）九月十五日、東京オリンピック選手村の開村式が行なわれ、選手村には九六の国と地域の旗が掲揚された。その開村式が行なわれた日の午後、参議院では準備促進特別委員会が開かれ、北朝鮮とインドネシアのオリンピック参加の是非についての経過報告、対処方法が検討されていた。

準備促進特別委員会はアジア初のオリンピックであり、オリンピックの目的からして友好的な大会を目指したいとした。このことで、東京オリンピックを主催するのは日本であり、日本の意向を尊重するとしてＩＯＣ（国際オリンピック委員会）は六月に理事会を開催し、インドネシアの資格停止処分を取り消した。第四回アジア大会にイスラエル、台湾を招請しなかったことから起きた諸問題はＩＯＣが折れることで解決し、日本はインドネシアに対し、オリンピック参加を打診した。

ＩＯＣに続いて多くの国際競技連盟は選手の出場資格停止処分を解除したが、ガネホに出場した選手は選手資格を一年間停止すると表明したＩＡＡＦ（国際陸上競技連盟）、ＩＳＦ（国際水泳連盟）は頑なだった。ガネホは一九六三年（昭和三十八）十一月に開催されており、一年間の停止期間が適用されると東京オリンピック終了後にしか選手資格の解除にならない。東京オリンピックに出場登録できない選手がインドネシア、北朝鮮選手団のなかにおり、もし、選手登録ができなければそれぞれの選手団が一斉引き揚げすることが懸念されていたのである。日本としてはＩＡＡＦ（国際陸上競技連盟）、ＩＳＦ（国際水泳連盟）に緩和策を求めていた。

準備促進委員会は資格解除が間に合わず、インドネシア、北朝鮮の登録予定選手が来日した場合の対応に苦慮していた。参加資格の無いインドネシア、北朝鮮の選手が選手団のコーチや付添として参加した場合には選手団関係者として認めるのか、選手村への入村を認めるのか、など、様々な議論がなされていた。

・北朝鮮は国際水連に加盟していないので、国際陸連のみ加盟している
・インドネシアは国際水連から脱退している
・陸上、水泳以外の種目での参加をお願いしてはどうか
・北朝鮮という国交の無い国、その国の国旗問題も解決した
・国際陸上連盟本部のあるロンドンに行って掛け合ってはどうだ
・スポーツの社会で起こっていることはスポーツのルールで

日本側は開会式まで一ヶ月もないこの時に至っても、ＩＡＡＦ（国際陸上競技連盟）、ＩＳＦの資格解除を諦めていなかった。国交の無い北朝鮮国旗が選手村に掲揚された事実を取り上げ、善後策を模索していた。日朝国交樹立の下交渉をオリンピック期間中にしておきたいのではないか、と訝るほどだった。

北朝鮮オリンピック委員会も独自に五月十八日、八月二十五日の二回に亘って制裁停止の申し入れをＩＡＡＦに行なっている。しかし、一度も返答が無いままだった。

日本の委員会が議論を重ねている最中、出場資格が無いと通告されていた北朝鮮の辛金丹選

手が選手村に入村してしまった。辛金丹選手は女子陸上四〇〇メートル、八〇〇メートルでの世界記録保持者であり、ガネホに参加した選手だった。国際陸連の通告に怯えた各国は、一線級選手の参加を控えさせたが、北朝鮮はそれを良しとせずに辛選手を送り込んだ。

開会式を一〇日後に控えた九月三十日、準備促進委員会の報告が参議院で行なわれていた。オリンピックを友好の祭典として標榜するIOCはガネホ出場選手のオリンピック参加を容認していた。しかし、IAAF（国際陸上競技連盟）の態度は変わらず、頑なだった。委員会としても最後の最後まで、一縷の望みをかけて対応に走ったが、その報告だった。

委員会メンバーの一人である与謝野秀《よさのしげる》（外務官僚、両親は歌人の与謝野鉄幹・晶子）はアメリカのシカゴに飛び、九月十八日、IOCのブランデージ会長と面談し、理解と助力を求めた。ブランデージ会長は問題の詳細は逐一連絡が入っているので承知しており、後はIAAFの考え一つであると回答した。このため、直ちにロンドンに飛び、九月二十一日にIAAFのエグゼター公、名誉主事のペイン氏同席のもとに窮状打開の陳情を行なった。選手資格について日本の陸上連盟には通知があるが、オリンピック組織委員会にはIAAFから正式に可否の通知が無い、このことは何らかの解決策があるものと理解してよいのかと問うたのである。しかし、IAAF（国際陸上競技連盟）の理事会を構成する一二人の理事に図ったが、八名の理事は一度出した出場資格の変更はありえないと回答した。残る三人の理事は再考しても良い、一人は条件付きという回答だった。

スポーツの社会で起こっていることはスポーツのルールで、という大前提からすればＩＡＡＦの回答は確かである。当時、ＩＡＡＦには一二三の国が加盟しており、一度出した通告を取り下げると収拾がつかなくなるというお家の事情があった。さらに、事前に通告したにも関わらず、その通告を無視しガネホに出場している。罰則を適用してはじめて通告に対する制裁になると付け加えられた。東京オリンピックの開会式前の十月八日、ＩＡＡＦ理事会が開かれるが、そこでの議題ではインドネシア、北朝鮮の出場資格問題は入っておらず、大会終了後の十月二十一日の総会で再検討するという状況だった。ＩＳＦ（国際水泳連盟）に北朝鮮は加盟しておらず、インドネシアは脱退しているため、もとより参加資格がなかった。問題はＩＡＡＦだけだったが、このＩＡＡＦの回答によって全ての望みは絶たれてしまった。

促進委員会の報告がなされる前、九月二十五日にインドネシアのスワギオ選手団長以下四名が来日した。この時、オリンピックの選手関係者に配布されるＩＤカードは送付されておらず、入国と入村、宿泊は一般扱いだった。この日本側の対応に不審を抱いた団長以下四名はインドネシア会館に移動してしまった。九月二十九日、第二陣の選手団が到着したが、全員が選手村に入らずにインドネシア会館に宿泊し、スポーツ大臣のマラディのみ帝国ホテルに宿泊した。参加資格問題が長引き、日本側はＩＤカードの発行ができなかったのである。このＩＤカード発行についても日本側の委員会で紛糾していたが、決着をみないままだった。

十月四日、北朝鮮選手団が来日した。しかし、陸上女子の辛金丹選手が出場できないとわかると、十月八日に全員引き揚げて行った。インドネシア選手団も十月十日、開会式の当日、全員が引き揚げて行った。

ＩＡＡＦ（国際陸上競技連盟）の頑なな対応の裏には、何があるのか。過去、ソ連で開催された世界陸上においても出場資格での問題があった。ＩＡＡＦの理事には東側超大国のソ連が理事として入っていたが、このソ連側が何らかの仲介、調停に動いたという痕跡はない。穿った見方をすれば、北朝鮮のオリンピック不参加によって日朝の国交樹立交渉を阻害する意図がソ連にあったのではないかと訝ってしまう。さらに、インドネシアと日本の関係を遮断する狙いが西側諸国にあったのではないかと推察する。平和と友好をうたい文句にするオリンピックだが、水面下での政治的駆け引きの場に見えてしかたがない。

近代オリンピックとは

「より速く、より高く、より強く」は、近代オリンピックの標語である。オリンピック開催を提唱したクーベルタン男爵が用いたことで知られるが、この言葉はもともとフランスのアルベール・ル・グラン高校の校門に彫り込んである言葉からとったものという。体育による精神教育を考える学校の指評だが、フランス青年の体力増進を目的としている。

本来、スポーツは貴族階級のものだった。労働者や農民は日々肉体を酷使しており、スポーツで精神を鍛え、肉体改造を行なう必要はなかった。自身も貴族であるクーベルタン男爵にとってフランス人青年、それも将来の支配者となるべき青年たちの国威発揚、フランス人としての闘争本能を覚醒させる手段がスポーツだった。ヨーロッパの王族や貴族は国家としては個別ではあるが、いずれかで結びつく親戚同士である。その国々にオリンピック参加を呼び掛けるスローガンが世界平和、民族の友愛、協調であり、本来は欧米白人種の帝国主義、植民地主義を遂行するための標語であった。第一回のオリンピックは一八九六年（明治二十九）のことだが、折から世界は「適者生存」「弱肉強食」という帝国主義、植民地主義を正当化する理論を求めていた。それがダーウィンの進化論『種の起源』だが、欧米の支配者層、上流階級、政財界がクーベルタンの提唱を強く支持したのは「強者は弱者を駆逐する」の理論と実践を求めていたからである。ただ、その理論が実証発見されたのがインドネシア諸島というのは皮肉なことではあるが。

オリンピックの目的は一般庶民には無関係のものである。有産階級の相互親善で始まったことからアマチュアリズムが尊ばれたのである。ましてや白人種以外の参加などはありえなかった。その欧米中心、白人種中心のオリンピックに日本が参加できたのも、明治三十八年（一九〇五）の日露戦争に勝利したことからだった。「適者生存」「弱肉強食」という考えからいえば、当然、白人種のオリンピックに参加できる資格があったのである。参加する選手は国籍、宗教、民族、人種で差別されてはならないとオリンピック憲章に謳ってはいるが、それはあくまで、支配者の大義名分であった。第一〇回（一九三二年・昭和七年）のロサンゼルス大会で「プリ・

デ・ナシオン」と称される貴族の名誉をかけた馬術競技に西竹一陸軍中尉（当時）が優勝したが、西が男爵という貴族であったことで、なんとか競技の面目が維持できた。だからといって、一九二四年（大正十三）のアメリカの排日移民法という民族差別が撤廃されたわけではない。

オリンピックが国威発揚の場であることは、ベルリンオリンピック（一九三六年開催の第十一回大会）に顕著に表れている。『民族の祭典』と呼ばれたこの大会は人種差別の大会でもあった。ナチス・ドイツを率いるヒットラーは徹底してユダヤ人選手を排斥していった。このことからヨーロッパ諸国は参加ボイコットを表明したが、その中にはアメリカもあった。しかしながら、アメリカ国民の反対を押し切って参加を表明したのがブランデージＩＯＣ会長だった。ガネホによるオリンピック選手資格問題にブランデージ会長が敏感に反応した背景はこのベルリンオリンピックにあったのかもしれない。

いずれにしても、理想と現実が乖離した状態でスタートしたのがオリンピックだった。そのことを考えれば、スカルノが独自にガネホを挙行しても誰もそれを批判することは許されないのである。

東京オリンピック開幕

昭和三十九年（一九六四）十月十日、「世界はひとつ」をスローガンに東京オリンピックが開幕した。九四の国と地域、五五四一人の選手による一大イベントの始まりである。しかし、そこにはインドネシア、北朝鮮の選手団はいなかった。この両国が参加していれば九六の国と地域、選手団の員数はさらに増えていたことだろう。

東京オリンピックには総経費一二五億円、新幹線整備などに一兆八〇〇億円という膨大な国家予算が投入された。オリンピックは開催した国よりも都市にメリットがあるといわれる。まさに東京が日本の首都としての機能、知名度を世界に広げるに十分なメリットがあった。東京オリンピックでは二一〇万枚の入場券が発行され、その売り上げは一八億円と世界最高の金額を誇った。この入場券については、東京都や国会議員関係者が「金を投じたのだから優先的に入場券を回せ」と言って物議をかもした。誰もが、入場券を求めて苦慮するなか、特権を誇示して入場券を手に入れようとしたのである。これに対し、東京オリンピック組織委員会会長の安川第五郎は「カネ、カネというが、そのカネは国民の税金なのです、何と文句言われようがまず国民の入場券を確保、残りを分配しましょう」と言い切っている。東京オリンピック開幕の一年半前、安川は川島正次郎担当大臣の指名によって組織委員会会長に就任した。しかし、この人事は、日本体育協会会長、JOC委員長の津島寿一、JOC総務部長の田畑政治の辞任によるものだった。IOC、IAAFなどが正式競技会とは認めないと表明した第四回アジア大会に日本が参加したことが原因だった。一説には、津島、田端両名の対立から組織運営が阻害されたために辞職を求めたともある。

組織委員会会長の安川は父の安川敬一郎ともども、親子二代にわたる玄洋社員である。孫文

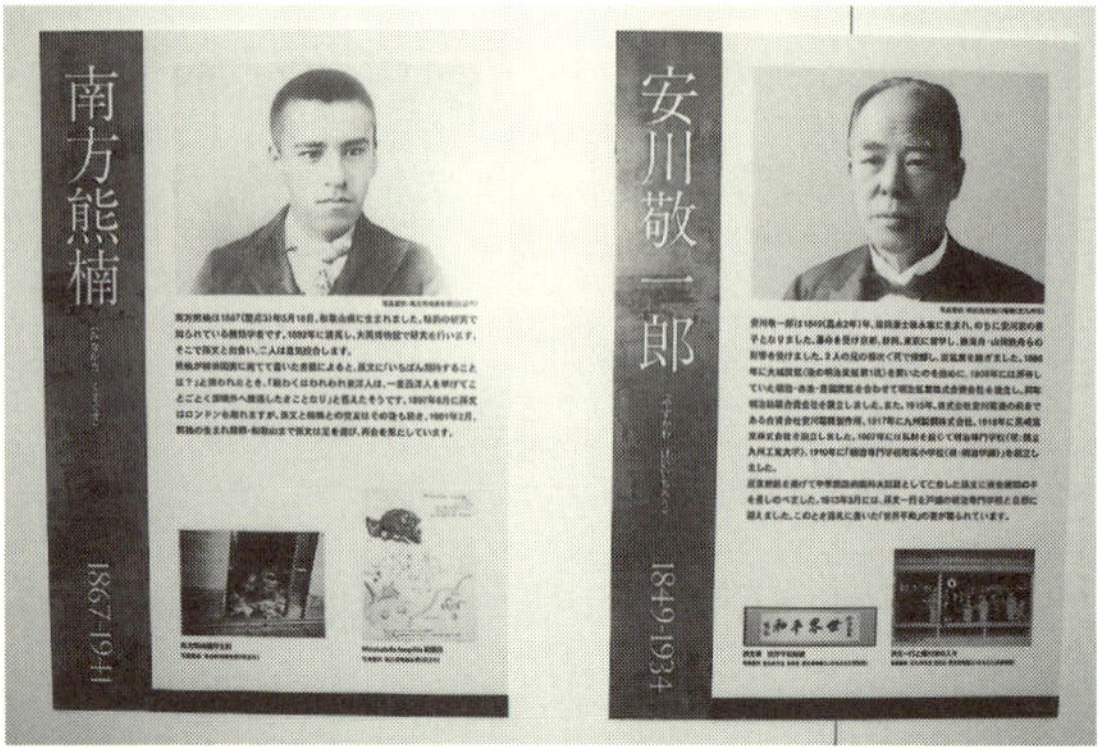

孫文の革命を支援した玄洋社の安川敬一郎　左は南方熊楠
台北駐日経済文化代表処

の辛亥革命を支援し、アジア主義を支持した玄洋社だけに、インドネシア、北朝鮮の参加ができなかったことは胸中、無念だったと推察する。川島正次郎は川島借款と言われるほど、戦時賠償とは別にインドネシアに対しての経済支援を行なっていた。川島は孫文の辛亥革命を支援した後藤新平の薫陶をうけた人物だけに、気持ちは安川と同じだったと思う。

　アジア初の東京オリンピックでは数々のドラマがあった。マラソン競技においてエチオピアのアベベ選手が優勝し、二位で競技場に入ってきたものの周回途中で追いつかれた円谷幸吉選手はいまだ記憶にある。体操男子チームが圧倒的な強さを見せ、女子バレーボールが強豪ソ連との決勝に勝利し敗戦の溜飲を下げた日本人は多かった。重量挙げの三宅義信選手の苦痛に耐える表情に拳に力が入った人も多かった。お家芸といわれた柔道無差別級では神永昭夫がオランダのアントン・ヘーシンクに敗れるという波乱もあり、これにはインドネシアも悔し涙を流したのではないかと思う。この柔道競技の中量級では岡野功選手が優勝を果たしたが、韓国の

国立競技場の電光掲示板と三本のポール　東京オリンピック時には左から日章旗、五輪旗、東京都旗が掲揚されていた

東京オリンピック時に使用された聖火トーチ　修猷資料館（福岡市）

現在の修猷館高校校門

金義泰が銅メダルに輝いている。金は当時国交の無い韓国の代表であり、在日韓国人という複雑な立場での出場だった。

東京オリンピックは終了した。投じた高額の選手強化費から「メダル一個一億円」とまで批判を浴びた大会だった。結果、日本は金メダル一六、銀メダル五、銅メダル八とアメリカ、ソ連につぐ世界第三位に位置した。オリンピック招致前、膨大な予算に国会でも紛糾に次ぐ紛糾だったが、その開催と結果に国民は満足し絶大な拍手を送った。東京オリンピックの成功に感動したブランデージ会長は大会の成功を祝して、組織委員会会長の安川に国立競技場に掲げられていた五輪旗と聖火トーチを贈呈した。今、その五輪旗は安川の母校、福岡県立修猷館高校体育館に展示され、聖火トーチは資料館に保管されている。

しかし、ロイヤルボックスの天皇陛下（昭和天皇）は開会式にインドネシアチームの姿が無いことに不審を抱かれたのではないだろうか。昭和十八年（一九四三）十一月、宮中に参内したスカルノのインドネシア選手団がいないことをどう思われただろうか。

ガネホと頭山立国氏

平成二十四年（二〇一二）十月の初め、大平光洋氏（国際武道大学理事）から連絡をいただいた。大平氏とは三島由紀夫にボディビルを指導した玉利齊氏（日本健康スポーツ連盟理事長）を介して紹介されていたが、全生庵（東京都台東区谷中）での来島恒喜《くるしまつねき》法要に参列しませんかというものだった。法要が行われる十月十八日の午後、大平、玉利の両氏から紹介を受けていた安田光敦《みつあつ》氏（日本武道教育新聞社編集主幹）と待ち合わせ、全生庵へと向かった。

秋雨にすっぽりと包まれた全生庵だったが、すでに法要に参加される方々が詰めかけていた。全生庵は剣豪山岡鉄舟が開いた寺だが、若き日の来島や杉山茂丸（明治、大正の政界のフィクサー、頭山満の盟友）が山岡を訪ねて出入りしたところである。来島恒喜は明治二十二年（一八八九）十月十八日、世論の反対を顧みず、自説の不平等条約改正案を強硬に押し通す大隈重信外相に爆裂弾を投じた。大隈が主張する条約改正案には外国人判事を導入するという主権問題にも関係し、日本全国で大隈案に反対の声があがっていた。

この襲撃事件によって大隈は右足を失い。黒田清隆内閣は総辞職し、大隈の条約改正案は廃案となった。この大隈外相襲撃後、来島自身も外務省門前で自決して果てた。その来島の命日ということでの法要だったが、その施主は来島も所属した玄洋社の頭山満の孫になる頭山立国

東京港区芝の愛宕神社石段
大隈外相襲撃の際の来島恒
喜たちの集合場所だった

東京港区芝の愛宕神社境内
「桜田門外の変」での水戸
浪士たちの集合場所だった
が、来島たちも桜田烈士に
あやかろうとした

ないだろうか。

氏だった。大平氏から頭山立国氏を紹介していただいたが、非常に静かな印象を受けた。白髯をたくわえ、丸メガネであれば頭山満という人物はこのような空気に包まれた人だったのではないだろうか。

「ガネホといえば、僕ですよ」

自己紹介でガネホについて書いていると述べたとき、頭山立国氏がはっきりと口にされた。ガネホが開催されたこと、日本から選手団が参加したという事実は資料に残っていたが、日本人選手団を率いた人物の氏名はどこにも記載されていなかった。それだけに、史実に埋もれた真実に巡り合った瞬間でもあった。

「分からないことがあったら、何でも聞いてください」

氏は極めて静かに、そして、親しみのこもった笑顔で応じてくれた。

後日、席をあらため頭山立国氏からガネホについて話を伺う機会を得た。

氏は学生時代、「東南アジア学友会」という東南アジアからの留学生を支援する団体の幹事を務めていた。およそ五〇人の留学生を引率し、名古屋、大阪の都市を経て、北九州市の八幡製鉄所、広島の原爆記念館を見学してまわった。大東亜戦争に敗北したとはいえ、やはり日本は東南アジア諸国からみれば先進国であり、これからも友好を重ねていくべき重要な関係先であった。学生同士のつながりだけに志が純粋で、強く、大きかった。とりわけ、インドネシアからの留学生との結びつきは強かったという。

この「東南アジア学友会」の関係から頭山立国氏はインドネシアへと招待された。日本人学生二〇人ほどが招かれたそうだが、それ以前、スカルノ大統領が来日した際にも面会したことがあった。そのとき、スカルノ大統領は頭山満の孫と知って大変に驚いたという。やはり、あのアジア主義者の頭山満の血は争えないとスカルノは思ったことだろう。

「祖父（頭山満）が死去した際、スカルノが弔電を送ってきましたよ。祖父が孫文やボース（新宿中村屋のビハリ・ボース）を助けたことを知っていたのでしょう」

昭和十九年（一九四四）十月五日に亡くなった祖父頭山満のことを立国氏はこともなげに言われるが、スカルノが深く頭山満を知っていたことに感心した。愛国社の岩田愛之助がインドネシアに関心を抱いた背景には、頭山満の意思を継ぐ決意があったことが窺えた。

インドネシアでのガネホ開催について、スカルノ大統領から選手団派遣の要請が日本政府の首脳にあった。しかしながら、ガネホ出場選手は東京オリンピックへの参加資格を失うということから、日本の体育関係者はまったく動こうともしなかった。スカルノ個人としてもメンツがたたないと困惑するなか、日本共産党系の新日本体育連盟が選手を派遣すると名乗り出てきた。

頭山立国氏はただちに自身の関係者に声をかけ、選手団を編成した。ここで、共産党系の選手団がインドネシアに乗り込めば、ますますスカルノは容共主義者とみなされてしまう。それを忌避する意味からも氏が選手団長としてインドネシアに乗り込んだのだが、日本の世論は

「あの頭山満の孫が共産党になった」と噂し、なにかと大変だったと話された。主義主張、思想ではなく、人と人との信頼関係の方が最重要ではないかと語られるが、この点については頭山満が好んで扁額に揮毫した「敬天愛人」を思い出す。玄洋社は政治的な面が強調されるが、まずは、人ありきである。

ガネホ日本人選手団長としてインドネシアに到着した頭山氏だが、顧問として柳川宗成氏が同行された。柳川氏はインドネシア独立では欠くことのできない人物だが、タンゲラン青年道場ことインドネシア特殊要員養成隊、ペタ（ＰＥＴＡ）こと郷土防衛義勇軍の基礎を作った元陸軍大尉であった。スカルノ大統領とも親しいことからガネホ参加の日本人選手団一行は大統領の邸に招かれる厚遇ぶりだったという。

ガネホに日本人選手団を率いたということで頭山氏はそのままガネホ委員会のメンバーとして活躍されるが、その後、カンボジアで大会が開催されるもスカルノの失脚、中華人民共和国の文化大革命などで開催されなくなったという。

最後に、スカルノ大統領はインドネシアチームが東京オリンピックに参加できず、帰国したことについて怒ってはいませんでしたか、と頭山氏に質問した。

「特には」と返ってきた。想定外の答えに再度、同じ質問をしたが、やはり、「特には怒ってはいませんよ」と。

この答えを聞いて、すでに、スカルノ大統領はインドネシアが東京オリンピックに参加できないということが見えていたことを知った。日本という国が欧米帝国主義の枠から抜け出せない状態であると理解していたのだろう。

むしろ、スカルノ大統領は敬愛する天皇陛下（昭和天皇）の気持ち、立場を忖度して、静かに事を見ていたのではないだろうか。

さらに、日本が東京オリンピックで沸き返るなか、アメリカはフランスが再植民地化を放棄したベトナムでの戦いに本格介入した。日本の敗戦によって東亜の秩序回復は中断したままだったが、この時、アジアの解放を進めるスカルノにとって東京オリンピックどころの話ではなかったのである。

〈関連年表〉

＊本書の全体を通しての関連事項や出来事、それらに強く影響を及ぼした事件等に限って取り上げている。

天正十五年	（一五八七）六月十九日	秀吉　キリスト教禁令を出す
慶長五年	（一六〇〇）	イギリス　東インド会社設立
慶長五年	（一六〇〇）四月十九日	リーフデ号　豊後に漂着
慶長五年	（一六〇〇）九月	関ヶ原の戦い
慶長七年	（一六〇二）	オランダ　東インド会社設立
慶長九年	（一六〇四）	フランス　東インド会社設立
寛永十四年	（一六三七）	「島原の乱」勃発
寛永十六年	（一六三九）	ポルトガルとの交易を禁止（鎖国の断行）
寛永十七年	（一六四〇）	ポルトガル　交易を求め再来
寛永十八年	（一六四一）五月	オランダ商館の長崎出島移転
文化七年	（一八一〇）	オランダ、フランスの支配下に入る
文化十一年	（一八一四）	オランダ、独立を回復
天保十一年	（一八四〇）	アヘン戦争
安政三年	（一八五六）	第二次アヘン戦争（アロー号事件）

安政四年（一八五七）五月　セポイの反乱
明治二十九年（一八九六）四月六日　第一回オリンピック開催（アテネ）
明治四十一年（一九〇八）　アメリカのシアトルで排日運動
明治四十四年（一九一一）　米・英・独との間で関税自主権回復
大正二年（一九一三）　カナダで日本人の渡航制限始まる
大正二年（一九一三）　カリフォルニアで排日移民法成立
大正三年（一九一四）　第一次世界大戦勃発、ドイツに宣戦布告
大正九年（一九二〇）　国際連盟加入、常任理事国入り
大正十三（一九二四）　アメリカで排日移民法成立
大正十四（一九二五）　アメリカ・オレゴン州で排日暴動
昭和六年（一九三一）　満洲事変
昭和七年（一九三二）　満洲国建国
昭和八年（一九三三）　国際連盟脱退、満州移民計画発表
昭和十六年（一九四一）十二月八日　日本、米英に宣戦布告
昭和二十年（一九四五）八月十五日　終戦の詔勅（敗戦）
八月十七日　インドネシア独立宣言
昭和二十三年（一九四八）八月　大韓民国成立

昭和二十四年（一九四九）九月　朝鮮民主主義共和国成立
十月　中華人民共和国成立
十二月　インドネシア共和国成立
昭和二十五年（一九五〇）六月　朝鮮戦争勃発
アメリカのインドシナ戦争への介入
昭和二十六年（一九五一）九月　サンフランシスコ講和会議
日米安全保障条約調印
昭和二十八年（一九五三）七月　朝鮮戦争休戦協定調印
昭和二十九年（一九五四）七月　インドシナ休戦協定
昭和三十年（一九五五）四月　バンドン会議
昭和三十一年（一九五六）七月　エジプト・スエズ運河国有化
十月　イスラエル軍・シナイ侵攻
十月　日本・ソ連共同宣言調印
十二月　日本、国際連合加盟
昭和三十七年（一九六二）八月　第四回アジア大会ジャカルタで開催
十月　キューバ封鎖
昭和三十八年（一九六三）十一月　ガネホ（新興国競技大会）開催

昭和三十九年（一九六四）十一月　ケネディ大統領暗殺

八月　トンキン湾事件（北ベトナムのアメリカ艦船への攻撃。これによりアメリカのベトナムへの本格的軍事介入始まる）

九月十五日　東京オリンピック選手村開村式

十月一日　東海道新幹線開業

十月十日　東京オリンピック開会式

昭和四十年（一九六五）一月　インドネシア国連脱退

六月　日韓基本条約調印

昭和四十二年（一九六七）二月　スカルノ大統領失脚

昭和四十五年（一九七〇）三月　日本万国博覧会開催（大阪）

六月　スカルノ大統領死去

昭和四十六年（一九七一）十月　中華人民共和国の国連加盟

昭和四十七年（一九七二）五月　沖縄返還

八月　ミュンヘン・アラブゲリラ乱射事件

九月　日中国交樹立

昭和五十年（一九七五）四月　蒋介石死去（中華民国・台湾）

昭和五十一年（一九七六）四月　ベトナム戦争終結
七月　ベトナム社会主義共和国成立
昭和五十三年（一九七八）五月二十日　成田空港（新東京国際空港）開港
八月　日中平和友好条約調印
十二月　ソ連・アフガニスタン侵攻
昭和五十四年（一九八〇）七月　モスクワオリンピック開催
平成二年（一九九〇）十月　東西ドイツ統一
平成三年（一九九一）十二月　ソ連邦崩壊

あとがき

数年前、母校（福岡大学）サッカー部が大学選手権決勝に出場するというので、国立競技場を訪れた。試合開始前、競技場を懐かしく眺めていた。応援席の背後には聖火台があり、正面にはロイヤルボックスがある。巨大な電光掲示板もそのままだが、半世紀近く前、東京オリンピックの開会式がここで行われたのかと感慨を新たにした。

東京オリンピック開会式前、遠くギリシャから聖火が日本に運ばれた。日本航空の特別機「シティ・オブ・トウキョウ」号がイスタンブール（トルコ）、ベイルート（レバノン）、テヘラン（イラン）、ラホール（パキスタン）、ニューデリー（インド）、ラングーン（現在のミャンマー）、バンコク（タイ）、クアランプール（マレーシア）、マニラ（フィリッピン）、ホンコン（香港）、台北（台湾）、そして、沖縄を経て鹿児島に到着している。今なら、北極回りで直接日本に運ばれるのだろうが、小刻みの経由は給油のためだろう。

しかし、東京オリンピック組織委員会会長の安川第五郎はギリシャでの聖火式典に立ち会い、聖火とは別便の北回りで帰国している。南回りで、聖火を積んだ特別機が複数の都市を経由する背後に、アジアを意識していることがわかる。アジアを代表して、アジア初のオリンピックを東京で開催する、そんな思いが込められていたのではないか。それに応えるかのように経由地での聖火は厳重に警備され、「聖火祭」が執り行われ、人々は熱狂したという。安川の講演録のこの件は、まるで、アジアの人々が歓喜に沸いた日露戦争勝利の再来ではないか。

その聖火は日本復帰前（アメリカ軍統治下）の沖縄にも立ち寄り、鹿児島に到着した。聖火は日本全国を四つのコースに分け、すべての都道府県を通過するように手配された。これも、アジア各地を通過したのと同じ興奮をもって迎えられた。当時、小学二年生だった私も、その興奮を経験した一人だった。学校近くの国道脇は子供だけではなく、ひと目聖火を見たいという近在の人々で身動きもとれなかった。白煙をたなびかせ、一瞬にして聖火は通過していったが、それはまるでヒーローの登場だった。

そんな遠い昔の思い出をたどりながら、インドネシアが東京オリンピックに参加しなかった経緯を振り返った。日本に選手団を送り込みながら開会式当日に引き揚げていったインドネシア選手団の気持ちはいかばかりだったろうか。日本との間で何が起きたのだろうかと疑問は膨らむばかりだった。結局、原因を探るには歴史を遡るしかなかったが、その始まりは日蘭関係からだった。そこから見えてくるのは欧米列強の秩序に食い込み、主権を守る日本の姿だった。近代国家たりえるには欧米の規範に従い、さらに同等の権利を求めての日清、日露の戦争であった。近代オリンピックへの参加もその一つだった。まさに「スポーツは政治」である。近隣諸国と領土領海でぎくしゃくしているこのとき、振り返れば、あまりに近い時代だけを問題にして関係を悪化させている気がしてならない。それ以前に何世紀にも亘って何が起きていたのかを考えれば、アジアはどうあるべきかが分かりそうなものと慨嘆した。

今回、インドネシアの東京オリンピック不参加に焦点を合わせて調べていったが、間接的ながら、玄洋社がからんでいることが分かった。簡単ながら、その活動内容、実態に触れることができたのは収穫だった。

尚、執筆にあたって日本インドネシア協会事務局には大変にお世話になった。半世紀以上も前の資料が残されており、その閲覧やコピーを快諾していただき、ここに深く御礼申し上げたい。

また、福岡県立修猷館高校に東京オリンピックの五輪旗、聖火トーチが残されていることを教えていただき、さらには、真夏の暑い時期、弦書房の小野静男氏に同行していただいた。ここに、感謝申し上げる次第です。

最後に、ガネホ（GANEFO＝新興国競技大会）日本人選手団を率いた頭山立国氏から直接に話を伺えたことは、日本の主権を守るために生命を賭した来島恒喜が導いてくれたものと確信する。

浦辺登

〈参考文献〉

『日本史年表・地図』（吉川弘文館、二〇〇七年）
『力道山はなぜ木村政彦を殺さなかったのか』増田俊也（新潮社、二〇一一年）
『別冊1億人の昭和史　昭和スポーツ史』（毎日新聞社、一九七六年）
『トワン、ガンバルか?』今田述（中公新書、一九九〇年）
『日蘭交流400年の歴史と展望』（財団法人日蘭学会、平成十二年）
『日蘭交流の歴史を歩く』ＫＬＭオランダ航空編（ＮＴＴ出版、一九九四年）
『文禄・慶長の役』上垣外憲一（講談社学術文庫、二〇〇二年）
『郷土歴史シリーズ　Ｖｏｌ、６　鴻臚館《こうろかん》』岡本顕實（さわらび社）
『東インド会社』浅田實（講談社現代新書、一九八九年）
『ヒンドゥー教』森本達雄（中公新書、二〇〇八年）
『廃墟となった戦国名城』澤宮優（河出書房新社、二〇一〇年）
『幕末のロビンソン』岩尾龍太郎（弦書房、二〇一〇年）
『長崎を識らずして江戸を語るなかれ』松尾龍之介（平凡社新書、二〇一一年）
『江戸の〈長崎〉ものしり帖』松尾龍之介（弦書房、二〇一一年）
『我ら戦争犯罪人にあらず』今村均（産経新聞出版社、平成二十二年）
『東京の片隅からみた近代日本』浦辺登（弦書房、二〇一二年）
『時代の先覚者・後藤新平』御厨貴（藤原書店、二〇〇四年）
『現代独和辞典』ロベルト・シンチンゲル（三修社、一九七六年）
『インドネシア』水本達也（中公新書、二〇〇六年）
『軍神』山室建徳（中公新書、二〇〇七年）
『創業者・石橋正二郎』小島直記（新潮文庫、昭和六十一年）
『実録アヘン戦争』陳舜臣（中公文庫、二〇〇二年）
『日本の石炭産業遺産』徳永博文（弦書房、二〇一二年）
『ムルデカ』東門容（鳳出版、昭和五十年）
『皇軍兵士とインドネシア独立戦争』林英一（吉川弘文館、二〇一一年）
『東部ジャワの日本人部隊』林英一（作品社、二〇〇九年）
『大東亜会議の真実』深田佑介（ＰＨＰ新書、二〇〇四年）
『アジア英雄伝』坪内隆彦（展転社、平成二十年）

『父が子におくる1億人の昭和史』（毎日新聞社、昭和五十三年）
『ムルデカ17805』加瀬英明（自由社、平成十三年）
『デヴィ・スカルノ回想記』デヴィ・スカルノ（草思社、二〇一〇年）
『インドネシアと日本　桐嶋正也回想録』倉沢愛子（論創社、二〇一一年）
『魂の相克』大島裕史（講談社、二〇一二年）
『玄洋社・封印された実像』石瀧豊美（海鳥社、二〇一〇年）

〈参考資料〉

日本オリンピック委員会
講道館資料部
板橋区立郷土資料館
財団法人日本インドネシア協会
東京福岡県人会
修猷資料館（福岡県立修猷館高校）

インドネシア・ラヤ

作者：スプラットマン
（現在のインドネシア国歌、民族自決、独立を目指す歌として1928年の第二回インドネシア青年会議以後から民衆が歌ったもの）

1番

Indonesia, tanah airku, tanah tumpah darahku
Di sanalah aku berdiri, jadi pandu ibuku
Indonesia, kebangsaanku, bangsa dan tanah airku
Marilah kita berseru: Indonesia bersatu
Hiduplah tanahku, hiduplah negriku
Bangsaku, rakyatku, semuanya
Bangunlah jiwanya, bangunlah badannya
Untuk Indonesia Raya

コーラス

Indonesia Raya, merdeka merdeka
Tanahku, negriku, yang kucinta
Indonesia Raya, merdeka merdeka
Hiduplah Indonesia Raya
（繰り返し）

インドネシア・ラヤ（意訳）

インドネシア、われらの土地よ
われらが生まれた土地よ
向こうにわれわれは立つ、母国を導くために
インドネシア、われらの民族よ
われらの民衆と国よ
そして、みんなで驚こう、インドネシアがひとつに。

生きろ土地よ、生きろ祖国よ
すべての民衆、民族よ
命よ芽生えろ、体よ起きろ
大インドネシアのために

大インドネシア、万歳、万歳
われらが愛す土地と祖国よ
大インドネシア、万歳、万歳
生きろ、大インドネシアよ！

主要人名索引

〈著者略歴〉

浦辺登（うらべ・のぼる）

昭和三十一年（一九五六）、福岡県筑紫野市生まれ。福岡大学ドイツ語学科在学中から雑誌への投稿を行うが、卒業後もサラリーマン生活の傍ら投稿を続ける。近年はインターネットサイトの書評投稿に注力しているが、オンライン書店ｂｋ１では「書評の鉄人」の称号を得る。

著者に『太宰府天満宮の定遠館―遠の朝廷から日清戦争まで』『霊園から見た近代日本』『東京の片隅からみた近代日本』（以上、弦書房）がある。

神奈川県川崎市宮前区在住。

アジア独立《どくりつ》と東京《とうきょう》五輪《オリンピック》

――「ガネホ《GANEFO》」とアジア主義

二〇一三年二月一〇日発行

著者 浦辺《うらべ》登《のぼる》

発行者 小野静男

発行所 株式会社 弦書房

（〒810・0041）

福岡市中央区大名二―二―四三

ELK大名ビル三〇一

電話 〇九二・七二六・九八八五

FAX 〇九二・七二六・九八八六

印刷 製本 シナノ書籍印刷株式会社

落丁・乱丁の本はお取り替えします。

ISBN978-4-86329-086-0 C0021

いま〈アジア〉をどう語るか

有馬学／松本健一／中島岳志／劉傑／李成市
非在のアジア？　過去の歴史と現在の視点とのズレから、一種類の語り方では認識できない「アジア」という枠組みをめぐって、日中韓の研究者がそれぞれの「アジア」を表現する。〈四六判・２０４頁〉　１９９５円

アジアの文化は越境する
映画・文学・美術

四方田犬彦［編著］　「お化け」はアジア独自の財産？　ヨーロッパの枠組みでは表現できない怪奇映画、現代文学、現代美術についてその独自性と類似性を縦横に語り合い、アジアは常に千のアジアとして多様な形態で存在することを示す。〈四六判・１６８頁〉　１７８５円

●FUKUOKA *U* ブックレット①

現代社会はどこに向かうか
生きるリアリティの崩壊と再生

見田宗介　虚構の時代の果て、希望は見えたか——戦後の「理想の時代」、高度成長期の「夢の時代」、その後の「虚構の時代」、そして……。現代社会はどこに向かうのか。著者待望の講演録。見田社会学のエッセンス、この一冊に。〈Ａ５判・６４頁〉　６８３円

●FUKUOKA *U* ブックレット②

東アジアとは何か
〈文明〉と〈文化〉から考える

小倉紀蔵　東アジアが平和であった時代とは？　東アジアは正常化している？　東アジアを極限まで抽象化し、〈文明〉と〈文化〉から日中韓それぞれの根底に流れる思想を探る〈アジア論の新しい試み〉。日中韓はあらたな関係を創造できるか。〈Ａ５判・６４頁〉　６８３円

＊表示価格は税込